SBNRと日本人の宗教観

2

“人間の数と同じ数だけ宗教がある”

マハトマ・ガンディー『私にとっての宗教』

本章は博報堂のストラテジックプラナーであり、僧侶でもある宮島達則が担当します。SBNRにはNot Religiousと言う単語が含まれており、なぜ僧侶がSBNRの本を?と思われる方もいるかもしれません。

私は浄土宗の寺院に生まれ、大学時代に修行を修めた僧侶です。なぜ僧侶である私が広告会社に入ったのか、不思議に思われる方もいらっしゃるかもしれません。でも、実は**僧侶としての生き方と広告会社の仕事には、共通点がある**のです。

僧侶には、自らの宗派の教えを、人々に広める役割があります。その過程では、教えを変えず、正しくわかりやすく人々に説くことが求められます。浄土宗は鎌倉時代に開かれた宗派なので、当時の言葉をそのまま伝えてもなかなか現代の人たちには伝わりません。そこで、**教えをわかりやすく言い換えたり、要点をまとめたりすることで、魅力的に伝える**必要があります。ここで肝心なのは、**教え自体は変えられない**ということです。教えを自分に都合良く解釈して広めてしまうと、浄土宗の僧侶ではなく、新たな宗教の創始者になってしまいます。

広告会社の仕事も同じです。多くのお仕事の場合、我々は**クライアントの商品自体を変える権**

限は持っていません。我々に求められているのは、**いかにその商品やサービスを求めている人に魅力的に伝え、届けるか?というコミュニケーションを考えること**なのです。

世の中の生活者に対して、誰よりも詳しくなり、その悩みに寄り添う商品やサービスを伝え届ける博報堂の仕事は、最終的に僧侶となる自分にとって大切な経験ではないかと考え、私は博報堂のストラテジックプラナーとして働いています。

現代において、多くの方々が宗教を信じなくなっていることを、私は一宗教者として非常に深刻に受け止めています。大前提として、人々には信教の自由がありますし、宗教に頼らず心身の幸せを追求するのは、個人の自由です。一方、僧侶として懸念もあります。例えば、これを行うとこんな良い効果、良い作用があるといった効用に注目した功利主義は、自身の役に立たないものを不必要だと切り捨てる価値観と表裏一体です。そうした功利主義から離れた部分にこそ、宗教の本当の意義がある、と個人的には考えています。

ただ、現代ではそうした考えが受け入れられがたいのも事実です。一僧侶としては、より多くの人に、仏教の教えに興味を持ってほしいのですが、今まで通り一方的に教えを伝えるだけでは、現代の人々に響かないことも痛感しています。その時に、本書のテーマでもあるＳＢＮＲという視点が参考になるのではと考えました。僧侶としてＳＢＮＲを捉えると、**ＳＢＮＲは決して宗教ではありませんが、宗教の本質的価値をより多くの人に届けるうえで有効な視点を示してくれている**と考えています。

私は、宗教を広めるためにＳＢＮＲの話をしているわけではありません。あくまでも僧侶というバックグラウンドを持った博報堂のストラテジックプラナーとして本書の執筆にあたっています。この本を通して**特定の宗教を広めたり、貶めたりする意図は全くない**ということを、最初にお伝えしたいと思います。

ストラテジックプラナーとしての私から見ると、**科学がこれだけ発達し、合理性が求められる現代において、精神的豊かさを求めるＳＢＮＲな人たちが増えていることには、意味がある**と思うのです。その背景には現代に生きる人々ならではの、答えのない問題意識が見え隠れしていると感じます。そして、そこには日本人ならではの宗教との距離感や考え方が大きく影響しているのです。本章ではそんな宗教とＳＢＮＲの関係性について詳しく見ていきましょう。

アメリカ発の概念であるSBNR

まずは、SBNRという概念がどのように生まれ、浸透していったのか見ていきます。

1960~70年代、世界中で**旧来の宗教や権威へのカウンターカルチャー**として、脱宗教が広まりました。その背景には、それまで当たり前のように説かれてきた旧来の宗教教義と、現代的価値観の相違があります。例えば女性蔑視や人種差別といった教義自体が、現代的価値観に照らして受け入れられないものになっていたり、宗教コミュニティが腐敗し、人々の支持を得られなくなっていたのです。このような現象は、SBNRという言葉が生まれる以前から社会潮流として現れていました。

こうした社会潮流をSBNR、すなわちSpiritual But Not Religiousという言葉で表現したのが、本書の冒頭でも紹介したアメリカのスピリチュアルカウンセラー、スヴェン・アーランドソンでした。スヴェンは牧師の家系に生まれ、自身も牧師として務めていましたが、現在ではカウンセリングの資格や軍人としての経験も活かしながらカウンセラーとして活動しています。

1章で紹介したように、SBNRという言葉が広く使われるようになったのは、2000年に刊行されたスヴェンの著書『Spiritual But Not Religious: A Call To Religious Revolution In America（宗教的でないがスピリチュアル：アメリカ宗教革命への呼びかけ）』からであるという説が一般的です。この書籍は副題にもある通り、アメリカにおけるキリスト教の捉え方に変革が起きつつあることを論じた本でした。アメリカでは、大統領就任式で聖書に手を置いて宣誓することからもわかる通り、キリスト教的な価値観が生活の奥深くに根ざしています。しかし、先に述べたように、当時アメリカの若者を中心にそうしたキリスト教的価値観からの脱却が起きていました。こうした変化を捉えたスヴェンは、**キリスト教を代表とした宗教的な価値観から離れ、人生の幸福を追い求める人々の生き方にフォーカスをあて、それをSpiritual But Not Religiousと呼んだ**のです。

しかし、実際のところ、スヴェンはいうなれば名付け親であり、**宗教に頼らず心のよりどころを見つけている人たちは2000年以前から存在していた**というのが実態でしょう。

アメリカにおいては価値観の革命だった

アメリカでSBNRが台頭した背景には**宗教コミュニティの腐敗や権威化、個人主義の台頭による伝統的で画一的なライフスタイルの崩壊**がありました。当初SBNRは、それまでの常識だった宗教的価値観に対するカウンターカルチャーの意味合いが強かったといえるでしょう。キリスト教が生活の規範として強く意識されていた時代、SBNRはNot Religiousという部分に強い意味合いを持った言葉としてアメリカの人々には受け取られていたのかもしれません。

生活の中に多くの宗教文化が混在する我々日本人にとっては、宗教心だけによりどころを求めず生活することは、それほど驚くことではないかもしれません。実際、博報堂生活総研の調査データ「生活定点」によると「宗教を信じる」と答えた方はこの30年で右肩下がりです。ただし、宗教文化がコミュニティの中心となって機能している国家においては全く別の話です。西アジアや中央アジア、ヨーロッパを中心に世界には国教を定めている国が多く存在します。また、国教とまではいかなくとも、国民の大多数が特定の宗教を信仰している国も多くあります。

アメリカのように宗教が今までずっと人々の常識を形づくっていた環境の国において、**宗教心に頼らないという選択を取る人たちが出現し始めたことはある種の革命だったといえる**のではないでしょうか。

マインドフルネスに傾倒したジョブズの影響

とりわけ、SBNRの浸透にスティーブ・ジョブズが与えた影響は大きかったのではないでしょうか。

2010年代、スティーブ・ジョブズの死をきっかけとしてマインドフルネスが欧米でにわかに脚光を浴びました。マインドフルネスとは過去や未来にとらわれず、今に意識を向けることを指します。マインドフルネスの代表的な行動としては、マインドフルネス瞑想が挙げられます。もしかすると、皆さんの中にも瞑想してみたことがある方もいるかもしれません。

マインドフルネスという考えは、仏教における禅の思想の影響を受けています。元来、宗教的な行動であった座禅から、宗教的エッセンスを取り去り、個人の心身の幸福を追求するマインドフルネス瞑想へと行動を変える。極めてSBNR的なトレンドだと言えますが、もともとの**SBNRの出発点にあった宗教に対する懐疑心は感じられません。**それどころか、ジョブズのカリスマ的なセンスの根源をこうした禅の文化の中に見出す人たちは後を絶ちませんでした。ビジネスエリートたちがこぞってこうしたマインドフルネスに傾倒していった時期があったのです。

ここで注意しなければならないのは、**本来の座禅が持っている意味合いと、マインドフルネス瞑想が持つ意味合いは大きく異なる**ということです。

座禅を宗派の核とする禅宗では臨済宗と曹洞宗の二派が有名です。臨済宗の座禅は、悟りに達する手段として、公案と呼ばれる禅問答について思案をめぐらすものです。また、曹洞宗の座禅は、「只管打坐《しかんたざ》」という言葉にある通り、ただひたすらに坐ることを重視しています。何かを達成する手段としての座禅ではありません。一方で、マインドフルネス瞑想は形こそ座禅に似ていますが、集中力や生産性向上という明確な効果を伴うものとして紹介されることが多く、**現代のビジネスパーソンが求める功利をもたらす行動**として世の中に広がっています。

ＳＢＮＲという言葉がアメリカで生まれたことは先に触れた通りですが、その意味合いは現代に至るまでに徐々に変わってきています。当初は宗教的価値観に基づく常識に対するカウンターカルチャーとして名付けられたＳＢＮＲですが、グローバリゼーションや個人主義の普及によって、**より心身の幸福性に焦点があたるもの**となっていったのです。いわば、**Not ReligiousからSpiritualに意味の重心が移った、**とでも表現すべきでしょうか。宗教に対して、頼りすぎることも、穿った見方をすることもなく、良いところを取り入れることがＳＢＮＲの中核をなすようになっていったのです。

2020年代にSBNRが再注目される理由

２０２０年以降、コロナ禍、戦争、格差の拡大、ＡＩの隆盛といった社会変化のなかで、ウェルネス／ウェルビーイングやメンタルヘルスへの関心が高まっていったのと同じように、**再びSBNRは大きな注目を集めるようになっています。**このような精神的な豊かさを求める人たちの数は増えており、**ビジネスターゲットとしても有力視**されるようになっています。

2025年の大阪・関西万博では、「テーマウィーク」と題し、世界中の国々が地球規模の課題解決テーマに向け対話を行う取り組みがなされています。この「テーマウィーク」において、**「健康とウェルビーイング」の一領域としてSBNRが取り上げられているの**です。また、那覇市の進出産業可能性検討委員会では観光業の有力ターゲットとしてSBNR層が取り上げられていたり、広域連携DMOの一般財団法人関西観光本部は、関西圏における長期滞在型旅行者の獲得を目指し、SBNR層をターゲットとしたツーリズムの訴求を行ったりもしています。

このように今やSBNRは、**欧米圏を中心に海外からも注目される概念**となっています。もともとのアメリカでのSBNRの広がりは、キリスト教の信仰が前提にあったうえでの精神革命運動と捉えることができました。しかし、1章でご紹介した通り、**日本はアメリカの動きとは関係なくSBNRな人が多い**のです。では、**どうして日本ではこうしたSBNRな考え方が広まっているのでしょうか?**

無宗教と言われる日本人の宗教観に対する我々ならではの考察を通じて、日本人が持つSBNR的な考え方の特徴を考えていきます。

日本人の「無宗教率」の実態は？

日本社会では近年、宗教に対する不安や警戒心が高まっています。オウム真理教関連の事件や旧統一教会と政治の癒着など、宗教団体による社会的な事件やスキャンダルがたびたび報じられています。「宗教2世」（信者である親の子ども）の苦悩がメディアで取り上げられるなど、**宗教に対するネガティブなイメージが強まる傾向が顕著**であり、それが宗教的な活動や信仰を避ける人が増加する一因となっているのではないでしょうか。しかし、**多くの日本人が「無宗教」を自認している**こともあり、議論は往々にして「無宗教者から見た宗教」という観点からなされる傾向にあります。まずは日本人が「無宗教」を自称する背景やその実態を明らかにしつつ、世界各国についても同様に分析し、世界的な「無宗教」化について見ていきましょう。

もし、日本人に「信じている宗教はなんですか？」と質問すると、多くの人は**「信じている宗教はない」**と答えるのではないでしょうか？　実際、日本人の多くが自身を「無宗教」と認識しています。２０１８年に行われたＩＳＳＰ国際比較調査（ＮＨＫ放送文化研究所が実施した「宗教」をテーマにした国内調査）では「何らかの宗教を信仰している」と答えた人は36％にとどまり、「信仰している宗教はない」と答えた人は62％にのぼっています。さらに、若年層においてこの傾向が顕著であり、特に都市部に住む若者の間では宗教的な関心が低いことが報告されています。こうしたデータは多くの人の肌感覚と一致しているものでしょう。

では日本の「無宗教」率は、世界と比べてどのような位置づけにあるのでしょう。実は、日本は国際調査でも**「無宗教」の割合が世界的に高い国**として位置づけられています。このデータを踏まえると、日本人は世界の中でも有数の「宗教心が薄い国民」といえるかもしれません。

宗教的行事は盛んでも「無宗教」、その背景にある宗教観とは

一方、私たちは日常生活の中で宗教的な行事や慣習をごく自然に取り入れています。例えば、正月の初詣やお盆の帰省、七五三や成人式といった人生の節目に行われる儀式、さらにはお守りやお札を持ったり、占いをしてもらったり、クリスマスをお祝いするなど、これらはすべて宗教心にあふれる行為とも捉えられます。ただ、多くの日本人はこれらの行事や慣習を、

特定の宗教を強く意識することなく行っています。

では、なぜこれほどまで宗教行事と馴染み深いにもかかわらず、日本人は自らを「無宗教」だと考えているのでしょうか。その理由として日本では「宗教」という言葉の解釈が他の海外の国とは異なることが挙げられます。２０１８年に行われたＩＳＳＰ国際比較調査では、「信仰心がない」と回答した日本人が過半数に及ぶ一方で、初詣やお墓参り、おみくじについて「よくする／したことがある」と回答した人はいずれも7割を超えているのです。この結果を踏まえると、日本人にとっての宗教心や信仰心には、人智を超えた存在にお願いごとをしたり、先祖を敬うことは含まれていないようです。日本人のとって「宗教心がある」とは特定の教義を深く信仰したり、教団に所属したりしていることを指しているのかもしれません。

このように、無宗教といいつつ様々な宗教的行動をする日本人の背景にはどのような考えがあるのでしょうか？　またそんな日本人の姿を先人たちはどのように捉えてきたのでしょう？

特定の教義や教祖に由来しない信仰心を持つということ

日本人が多様な宗教観を受け入れられる背景には、**自然崇拝やアニミズム**があるのではないでしょうか。実際、2018年に行われたISSP国際比較調査では、日本人の74%が「山や川に宿る神を理解できる／どちらかといえば理解できる」と回答しています。自然崇拝や祖先崇拝といった信仰は日本の歴史上古くから見られ、日本文化の中で重要な位置を占めています。これらの信仰は、特定の教義や教典に基づくものではなく、日常生活の中で無意識のうちに受け継がれてきました。キリスト教や仏教、イスラム教のように理論的に体系化されていない、こうした日常における宗教心は、いわば**感性による宗教心**と言えるかもしれません。

世界各国と比較すると、日本の宗教状況は非常に独特です。世界の多くの国々では、宗教が社会や政治、文化の中で強い影響力を持っており、人々のアイデンティティや価値観形成に大きな役割を果たしています。特にキリスト教やイスラム教、ヒンドゥー教などの主要宗教は、各国の社会構造や法制度にも深く関与しています。

一方、日本では宗教が政治や社会制度に直接的な影響を与えることは少なく、**宗教的多様性や寛容性が比較的高い**とされています。歴史的にも、ベースとなっている自然崇拝やアニミズムに加え、仏教やキリスト教、イスラム教など様々な宗教が日本に伝来し、今日まで共存してきた経緯もあります。

宗教学者の阿満利麿《あまとしまろ》は、このような日本人の宗教観を理解するため、著書『日本人はなぜ無宗教なのか』（1996年、ちくま新書）の中で、**「創唱宗教」と「自然宗教」**という区分を提唱しています。創唱宗教とは、特定の開祖や教祖によって創始され、明確な教義や教典を持つ宗教を指します。キリスト教、イスラム教、仏教などがその代表例であり、信者は教義に従い、教団に所属して信仰生活を送ります。一方、自然宗教は、特定の創始者を持たず、長い歴史の中で自然発生的に形成された宗教を指します。日本の神道や民間信仰はこのカテゴリに含まれ、明確な教義や教典は存在しないものの、生活習慣や文化として人々の暮らしに深く根付いています。

阿満は、日本人が自身を「無宗教」と認識しながらも、宗教行事から派生した文化や習慣を保ち続けている背景には、この「自然宗教」の存在があると指摘しています。日本人にとって宗教とは、特定の教義や教団に属するものではなく、日常生活や文化そのものと密接に結びついたものなのです。そのため日本人は「創唱宗教」の観点では「無宗教」でありながらも、**「自然宗教」の観点では深い信仰心や精神性を持ち続けている**と語っています。

僧侶の釈徹宗《しゃくてっしゅう》も、思想家・内田樹との対談の中で日本人の無宗教性について触れています。「死者を弔うとか、夕日の聖性とか、このような宗教性まで含めると、もちろん日本人が世界で突出して無宗教ということはありません。むしろ、我々の暮らしは多くの宗教的な営みに彩られています。**無宗教どころか、過宗教**という見方もできます」[＊1]

無宗教者が多い一方で多くの宗教的営みを行う日本人を、釈徹宗はむしろ**「過宗教」**と表現しています。

さらに宗教学者の岡本亮輔は宗教を「信仰・所属・実践」の3要素に分けたうえで、日本人の宗教に対する姿勢を、所属なく信仰・実践する**「徹底的に私化されたもの」**と分析しています。

＊1 『日本宗教のクセ』内田樹・釈徹宗著（2023年、ミシマ社）

すなわち日本人の宗教とは、**「所属なき信仰と実践」**であると考えているのです［＊2］。

日本人の宗教心に広がる「精神的緩衝地帯」

このように、日本人の宗教観については、ある視点では無宗教だがある視点では宗教心を持つという解釈や、宗教心にあふれすぎているという解釈、宗教心の中身の違いという解釈など様々な視点が呈示されてきました。こうした話を踏まえつつ、ＳＢＮＲという視点を加えて日本人の宗教意識を改めて整理すると、次のように理解できると考えていま

図2-1　欧米における宗教意識

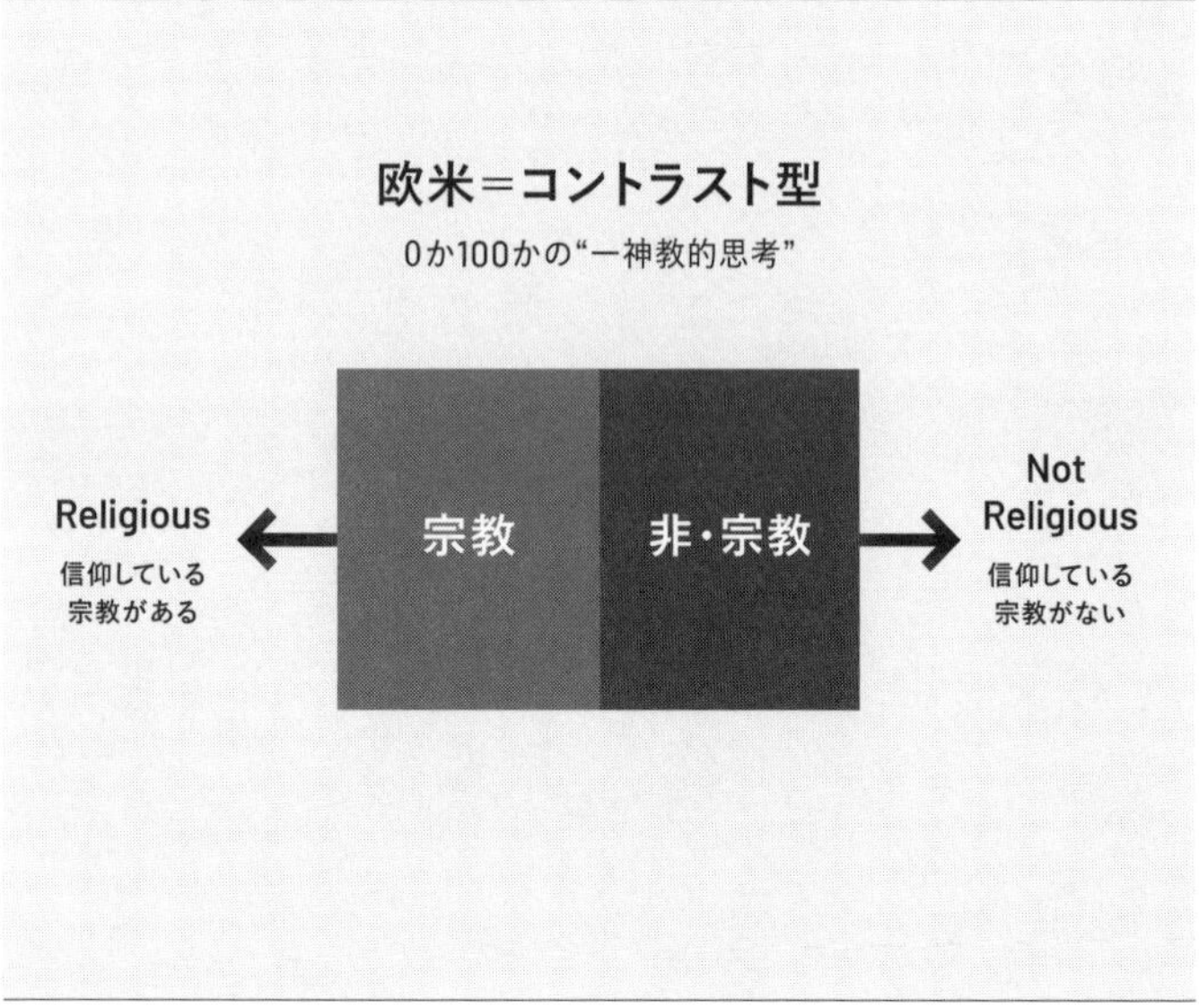

す。

欧米型の宗教心がReligiousかNot Religiousかの二項対立であるのに対し、日本人の宗教心はReligiousとNot Religiousの間に**グラデーション**が広がっています。欧米型の宗教心は、一神教が信仰されてきた経緯もあり、0か100かのコントラスト型です。日本人のように、このシーンでは神を信じ、このシーンでは神は信じないということはありませんし、自身に都合よく宗教心を解釈したりする場面もあまり見られません。

しかし、日本では多神教の影響もあり、ReligiousとNot Religiousの間にグラデー

図2-2　日本における宗教意識

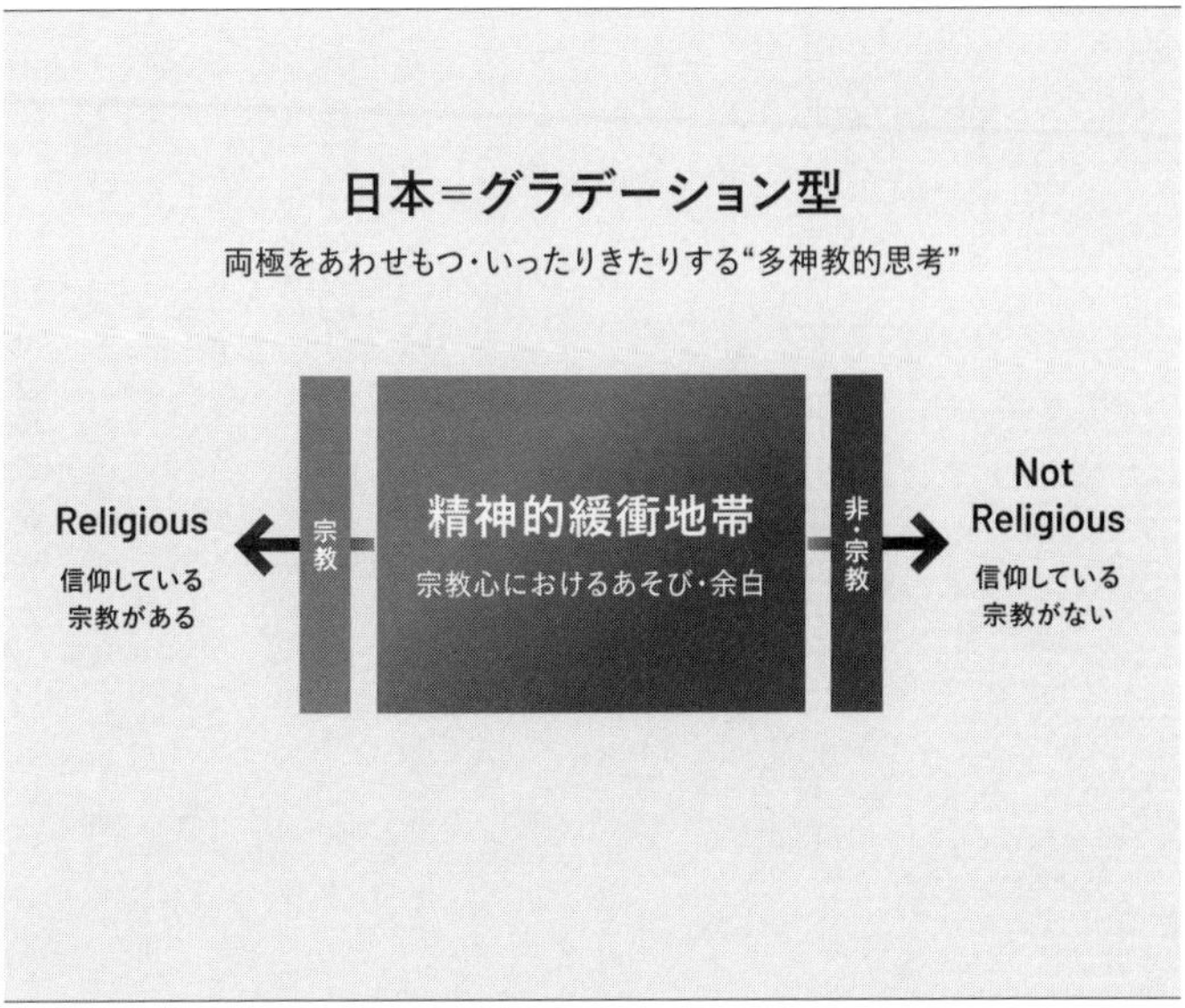

ションが存在します。このグラデーションの部分を、本書では「**精神的緩衝地帯**」と呼びたいと思います。ポイントはこのグラデーションの領域、**宗教心における「あそびや余白」**の部分です。この「精神的緩衝地帯＝あそび・余白」はReligiousとNot Religiousが混在しているカオスということではなく、包容力や包摂性、柔軟性を表します。

二項対立でものごとを分けず、それぞれの良い部分を織り交ぜながら、柔軟性をもって扱うというのは、まさに日本人が得意とする思考です。こういった日本人の特性が、宗教意識においても発揮されたことが、**日本ならではのＳＢＮＲの土壌を作った**とも捉えられます。

緩衝地帯として個人が自由に宗教心を扱える領域が存在するからこそ、日本では自然崇拝のような所属なき信仰や、クリスマスのような信仰を持たない実践が行われていると我々は考えています。**宗教心における緩衝地帯が、個人的・機能的・実践的・応用的に変化してきた日本特有の宗教心を表している**のではないでしょうか。

Religious／Not Religious／Spritual／Not Spiritualの4象限で考えるSBNRの立ち位置

この「宗教か非・宗教か」という軸に、「スピリチュアリティ＝精神的な豊かさ」という縦の軸を加えて整理することで、SBNRという概念の位置づけがより理解しやすくなると思います。**図2－3**で整理されるように、「Religious」の軸と「Spiritual」の軸をかけあわせた2軸4象限のなかでSBNRは右上の象限に位置づけられます。宗教性の有無という一つの軸のなかでそのグラデーションで見るだけでなく、そこに「精神性」の軸を加えることで、精神的緩衝地帯があることで生まれる余白性のイメージが概念的に理解しやすくなるのではないでしょうか。

左上の「宗教」という象限では、仏教・神道・修験道や山岳信仰のほか、宗教ではないが信仰心を前提に発展した日本の精神文化として、武道・芸道・武士道・商人道や伝統芸能が位置づけられています。右下の「非宗教」という象限では、消費や趣味などの日常的習慣や、会社・家

＊2 『宗教と日本人－葬式仏教からスピリチュアル文化まで』岡本亮輔著（2021年、中央公論新社）

図2-3 「宗教」「非・宗教」と「SBNR」

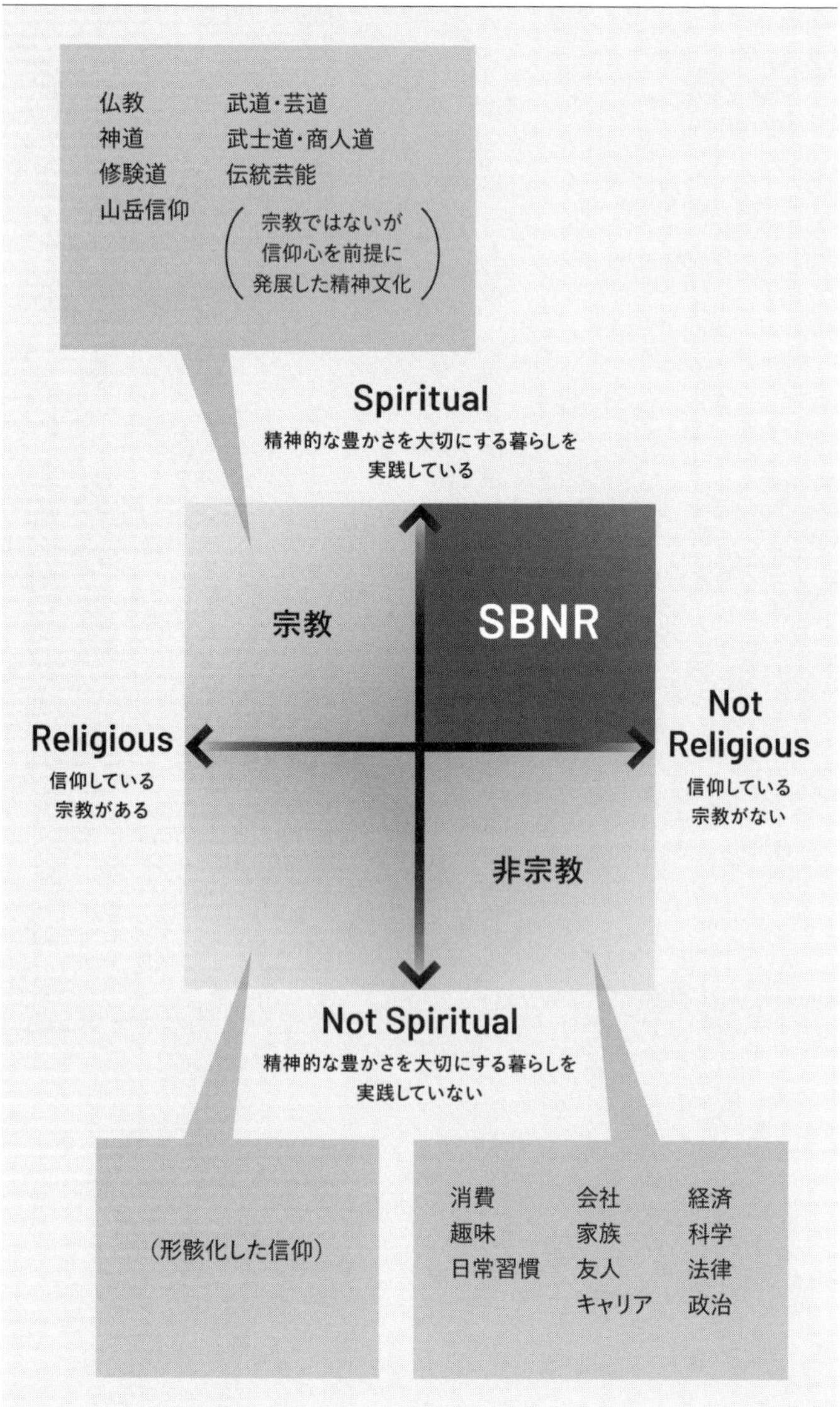

族・友人・キャリアといった個人の生き方に大きな影響を持つ要素、また、経済・科学・法律・政治などの、宗教の論理とは離れたところで動く社会全体の仕組みやダイナミズムが該当します。

SBNRはこの左上と右下の間にある、**「宗教がNot Religious化したもの＝左上から右上へ」**や、**「非・宗教に精神性が付与されたもの＝右下から右上へ」**といったものが該当するという理解ができそうです。次節以降では、このフレームを用いながら、日本における事象の解釈・考察を加えていきたいと思います。

世界各国で進む無宗教化、その実態は

先に述べた通り、日本の「無宗教」率は世界でも有数ですが、海外の国々はどうでしょうか？実は**「無宗教」化の傾向は世界でも想像以上に強まっている**のです。

まずはアメリカを取り上げてみましょう。2017年に行われたPew Research Centerのデー

タによれば、「**Not Religious**（**宗教心を持たない**）」**と回答している人の割合は、45%にのぼります。**同機関が実施した２０１２年時の調査では35%だった無宗教層は5年間で10ポイントも増加しているのです。

続いて欧州を見てみましょう。２０１８年のPew Research Centerのレポートによると「**人生において宗教はとても重要**」**と思う人の割合は、イギリス、ドイツ、フランス、北欧諸国で20%以下**となっています。また、「過去20年間に宗教の果たす役割はどう変化したか？」という問いに対しては、スペイン、イタリア、ギリシャ、イギリス、オランダなどで「より重要でない役割」となったという回答が50%以上となっています。

また、地理的地域でこそありませんが、イスラム圏でも、「**元イスラム教徒**（**エクス・ムスリム**）」**を名乗る人たち**が現れています。イスラム圏の多くの国では、イスラム教義が社会システムの中に組み込まれており、他宗教と比べ、現代でも強固な宗教的コミュニティが残っています。ゆえに「無宗教」を名乗ることはタブーでもあるのですが、こういった宗教圏でも「無宗教層」が出現している事実は特筆すべきでしょう。こうした傾向は２０１２年のアラブの春以降強まっているとの言説もあり、イスラム圏の若者の中にはＳＮＳを通じて無神論を唱える人も出てきています。

このように、欧米を中心に、**世界中で「無宗教層」やそれに類する「宗教は重要ではない」と考える人たちが増加しています。**その背景に宗教コミュニティの腐敗や個人主義の台頭があることは先に触れた通りですが、欧米という地域に注目すると、リベラルな価値観の浸透と、宗教観を拠り所とした伝統的な家族観や性別に対する考え方が相容れないという点も大きいかもしれません。

こういった背景を踏まえると、**実は日本人の宗教意識の特徴である「精神的緩衝地帯」が、世界においても求められ、受け入れられる土壌が整いつつある**と考えられます。前章でも触れた通り、無宗教化と同時に世界でＳＢＮＲ層が増加していることが、この見立てを裏付けているのではないでしょうか。

では、世界で無宗教化が進む一方で、なぜ精神的な豊かさを求める動きが広がっているのでしょうか？

価値観のパラダイム・シフトと根源的な問いに向き合う私たち

ＳＢＮＲ層が増えている背景には、ＡＩやＩｏＴといったデジタルシフト、環境問題の深刻化や、紛争や経済格差に代表されるような社会不安といった、社会環境の激変があると私たちは考えています。

現代に生きる私たちは、例えばＡＩの進化によって、人間にしか生み出せないものは何か？を問われたり、環境問題や経済格差の深刻化から、行き過ぎた利益の追求は経済や社会の安定を破壊するという事実に気づかされています。

このような価値観のパラダイム・シフトが起きつつある中、**世界は根源的な問いに直面しているの**ではないでしょうか？　すなわち、「私たちの本当に幸せはどこにあるのか？」や、そこから派生した「自然と人間の関係性はこれからどうあるべきか？」「組織や企業のあり方は今のままで良いのか？」といった問いです。

こうした根源的な問いへの答えを求める動きが、**ＳＢＮＲ層の増加**という形で表れているのではないでしょうか？

こうした問いに対し、宗教に学び、宗教から自由になって考えるのがSBNR的なアプローチです。日本人の「精神的緩衝地帯」という考え方で、多様な意見を柔軟に受け入れ、包摂的に接し、個人・応用・機能的・実践的なアクションに落とし込んでいくことで、**宗教の持つ普遍的価値を身近な課題の解決に応用できる**のではないでしょうか。

実は欧米のキリスト教においても、こうした宗教を合理的視点から再解釈しようという動きが見られています。本書では詳しくは触れませんが、「自由主義神学」といい、宗教に学びつつそれを盲信せず科学的根拠をもって理性的に世界を捉えようとする動きです。しかし、この考え方は宗教VS合理という二項対立的な考えのもとで議論されることが多く、対立的文脈で語られがちなのです。**緩衝地帯という「心の包摂性・柔軟性」をもって、個人的・機能的・実践的・応用的に考えていくことが、自然と人間、環境と経済といった二元論的対立を克服するヒントになる**のではないでしょうか。

日本人ならではの宗教意識こそがＳＢＮＲ理解のカギ

これまで述べてきた通り、ＳＢＮＲという概念は、１９６０〜70年代の脱宗教的潮流を背景にアメリカで生まれました。スヴェン・アーランドソンが２０００年に提唱したＳＢＮＲは、当初は宗教へのカウンターカルチャー的意味合いが強いものでしたが、**近年では宗教に頼らず心身の幸福を求める考え方を指す概念へと進化**しています。

現代では万博でテーマアップされるほど注目を浴びているＳＢＮＲですが、日本人は海外と比較してもＳＢＮＲ層が多いという調査結果が出ています。この背景には日本人ならではの宗教意識があります。日本では「無宗教」を自認する人が多い一方で、宗教的行事や慣習を日常的に行うといった特異な宗教事情があることはお伝えした通りです。我々はここに**「精神的緩衝地帯」という、日本人ならではの宗教心におけるあそびや余白を見出しています。**Religious か Not Religious かという二項対立ではなく、包容力や包摂性、柔軟性をもって宗教心を扱う日本人ならではの宗教心が、ＳＢＮＲ的な価値観の広がりの背景にあるのではないでしょうか。

いまや世界各国でも無宗教化は進んでいます。欧米をはじめ、イスラム圏でも無宗教化は進んでおり、実は**日本人の宗教意識の特徴である「精神的緩衝地帯」が、世界においても求められ、受け入れられる土壌が整いつつある**とも捉えられるのです。

ＡＩによる技術革新や、環境問題の深刻化から価値観のパラダイム・シフトが起きつつある中、世界は根源的な問いに直面しています。「私たちの本当に幸せはどこにあるのか？」「組織や企業のあり方は今のままで良いのか？」といった**根源的な問いへの答えを求める動きが、SBNR層の増加という形で表れている**のではないでしょうか？

こうした問いに答えるヒントが日本人の「精神的緩衝地帯」にあると我々は考えています。**緩衝地帯という「心の包摂性・柔軟性」をもって、問いを捉えていくことが、自然と人間、環境と経済といった二元論的対立を克服する道筋につながる**のではないでしょうか。

COLUMN

商人道と「SBNR」

実は、日本人ならではの宗教観と経済成長は密接に結びついているという考察がありま す。3章以降でご紹介するSBNRと経済活動の関係を紐解くうえでの背景知識として ここでご紹介したいと思います。

日本人の根底に流れる「武士道」と「商人道」の倫理

日本における宗教と経済成長の関係性について考察した山本七平の『日本資本主義の精神―なぜ、一生懸命働くのか』(1995年、PHP文庫)という本があります。山本は本書の中で、日本の経済成長を支えた価値観や倫理観の背景にある宗教的な土台について、特に西洋のプロテスタント倫理と比較しながら議論しています。

山本は、マックス・ヴェーバーの『プロテスタンティズムの倫理と資本主義の精神』における議論を参考にしながらも、**日本の資本主義においては西洋ほど宗教が大きな役割を果たしていない**と指摘しています。仏教は禁欲や解脱を重んじる一方で、商業活動や経済成長を直接奨励するものではありません。また、神道は日本人の日常生活や文化に深く根付いていますが、経済的な行動原理としては道徳や文化の一部として作用している程度に留まっています。

むしろ、日本における資本主義精神の背景として、山本が特に強調したのは「**武士道**」**と**「**商人道**」**の倫理**でした。武士道は、忠義や名誉を重んじる封建時代の武士階級の倫理であり、これが後に企業経営や社会の中で道徳的指針として機能しました。また、商人道は江戸時代の商人たちが発展させた実利的かつ誠実な商業倫理で、これも資本主義の発展に寄与したとされます。武士道における「義」や「名誉」、商人道における「信用」や「信頼」といった価値観は、結果的に経済活動における長期的な信頼関係や責任感を生み出し、それが資本主義の成長を支える一つの基盤となったと主張されています。

武士道は、仏教、特に禅宗の精神的な鍛錬や死生観を吸収し、また神道の自然崇拝や祖先崇拝、清浄さの観念も取り入れています。これに加えて、儒教の倫理観が武士道の中心的な道徳を支えています。これらの**宗教的・思想的影響が組み合わさり、武士道は単なる戦闘技術や行動規範にとどまらず、深い精神的・道徳的な体系となりました。**

商人の心得に多宗教からの思想を融合させた「心学」

しかしより注目すべきは「商人道」、そしてその思想的下支えとなった、**江戸時代の商人石田梅岩が創始した「心学」の教え**です[＊3]。石田梅岩は、商人としての経験を背景に、商業活動の中での道徳的な生き方を探求し、仏教や儒教、神道といった様々な宗教や思想を融合させ、特に商人階級における誠実さや信頼、節度ある生活を重んじる倫理観を説きました。彼の思想は、当時の「武士道」に匹敵する「商人道」を作り出したとされていますが、商人道という枠に留まらず、**社会全体の倫理を追求するものとして心学が広まったのです。**

心学では主に、①誠実と信頼、②利と道徳の調和、③慎ましさと節度、④勤勉と学問を奨励しましたが、これらの倫理を説いた根本の思想として、心学では、仕事や商売は単なる利益追求の手段ではなく、人間としての修行や自己修養の場とみなすというものがあります。この考え方は、仏教的な修行観に近く、**仕事を通じて自己を鍛え、道徳的・精神的に高めていくことが重要である**とされています。

心学では、商売を通じて誠実さ、忍耐、そして勤勉さを培うことが重要とされました。これは、仏教の修行と同様に、自らの心を鍛えるための実践の場として仕事が位置づけられているということです。**商人が日々の仕事で誠実さを保ち、他者との信頼を築くことが、仏教的な意味での「修行」として捉えられていた**のです。

＊3『なぜ名経営者は石田梅岩に学ぶのか?』森田健司著(2015年、ディスカヴァー携書)

石田梅岩は、商人であっても高い道徳性を持ち、正しい心で生きることで仏教的な「悟り」に達することができると説きました。仕事や日常の営みの中で心を磨き、道徳的に生きることが最終的に仏（あるいは高い精神的境地）へと到達するための道とされたのです。心学は商人階級を中心に広まりましたが、重要なのは、**商人であっても武士や僧侶と同様に徳を積むことができる**という点です。石田梅岩は、商人だからといって低い立場にいるわけではなく、商売を通じて道徳的に生きることができると強調しました。

心学には、仏教的な修行観が色濃く反映されており、商業活動や日常生活が道徳的修養の場とされていました。仕事は単なる経済活動ではなく、心を磨き、道徳を実践するための「修行」であり、最終的にはその過程を通じて仏になることが目指されていました。このため、心学は宗教的な倫理観と実務的な商人道を融合させた思想として、商人を含む広範な社会層に影響を与えたのです。

「商人道」とＳＢＮＲの共通項とは

この商人道における宗教との距離感や応用力のなかに、**極めてＳＢＮＲ的な態度を見て取ることができるのではないか**と考えています。ＳＢＮＲの本質の一つは「**宗教から学びつつ、宗教から自由になって考える力**」であり、石田梅岩の再構築した思想もまた、様々な宗教に学びながら、それぞれの教えからは自由になって、極めて実践的・実際的な倫理や行動規範となる思想体系を作っています。彼の主張からは、仕事の目的はあくまで仏＝より良い自己になることであり、そのための手段として信仰や神がある（宗教、信仰、神はそれ自体が目的ではない）という、極めてプラグマティックな態度が見て取れます。

そして、ＳＢＮＲも**自己の心地よさのために宗教や精神文化を応用的に扱う側面**があります。信仰や神は目的ではなく手段。いわば、自己ウェルビーイングの実現のための方法論。江戸時代の商人が心学という思想体系を作ったアプローチや、それを通じて経済成長につなげていくという思想に共通点があると考えます。

宗教的な考え方を取り入れつつ自分自身がベネフィットを得る点は商人道もSBNRも共通していますが、**SBNRは宗教行為として度々見られる、ひたすら経験を積み上げて悟りを得るという「苦行」を、日常の心地よい瞬間を求めるという「楽行」に置き換えて実践しています。**

商人道は「苦行」を通じて自己成長と利益を得よ、と説いていたのに対し、SBNRは「**楽行」を通じて自己成長と幸福を得ようとする行動**です。辛い部分の排除によって精神的、肉体的ベネフィットを得るということであり、その分応用可能な範囲は広くなります。

3

SBNRの実践メソッド：「脱・宗教」と「転・精神文化」

“世の中は白と黒ばかりではない。
敵と味方ばかりでもない。
その間にある中間地帯、グレーゾーンが一番広い。
真理は常に『中間』にある。”

田中角栄

本章を担当するのは、博報堂ストラテジックプラナーの橋本明意です。普段の仕事では企業やブランドの戦略立案に携わる一方で、社内の有志による「スピリチュアル同好会」の部長という少し変わった活動もしています。この部活はコロナ禍で希薄になった人間関係を再びつなぎ直すことを目的に立ち上げたものです。活動内容は単なるエンタメにとどまらず、例えば占いであれば「どのような問いを立てればより精緻な答えを得られるのか」「どのような答えなら人は信じられるのか」といったテーマを掘り下げつつ、生活者としてスピリチュアルな体験をどのように楽しめるかを模索するなど、博報堂ストプラ的視点も取り入れた活動を心掛けています。意外にも部員が集まっていることから、**人は想像以上に、自分の心の揺らぎや普段は意識しないスピリチュアルな領域に強い関心を持っているのかもしれない**と肌で感じています。

私自身の話をすると、受験や就職活動といった社会一般的に決められたルートから解放された頃、自由の中で感じる不安や満たされない心の隙間を埋めるために瞑想やヨガ、占い、パワースポット巡り、さらには山伏修行など、いろいろな体験を試してきました。これらの体験には心に響くものもあれば、そうでないものもありますが、それも含めて自分の心のシグナルに向き合う機会として楽しんでいます。今では**「心の人間ドック」**のような習慣となり、自分の状態を確認する大切な時間になっています。

現代は、不安定さが日常化し、「これさえあれば安心」という拠り所が見つけにくい時代です。そんな中で、広告業界においても、生活者の不安定な心に寄り添う広告やコミュニケーションが求められ、「今のままでいい」「自分を受け入れよう」というメッセージを頻繁に目にするようになりました。

しかし「心に寄り添う」とは単に癒しを提供したり、むやみに自己肯定を促したり、甘やかすことであってはいけません。そうではなく、**生活者の心が今どこを向いているのかを見極め、その先に進むためのヒントや問いを呈示すること**のほうが、本当の意味で「心に寄り添う」ことにつながるのではないかと私自身は考えています。

そんな時代だからこそ、今後ますます数字やデータだけを頼りにするのではなく、**常に生活者の心の動きにアンテナを張り、顕在化していない生活者の願いや不安に敏感に気が付き、解決につながるヒントや問いを見つける力**が求められるようになるでしょう。そして、私たちのようなコミュニケーションを生業にする人間こそが、誰よりも早くこの力を身につけなければならないと感じています。

この章では、現代で広がるＳＢＮＲムーブメントを「脱・宗教」と「転・精神文化」の２つのアプローチに分けて分析していきます。ＳＢＮＲ的精神を具体的な実践に落とし込む方法を事例とともに探っていきましょう。

「脱・宗教」と「転・精神文化」：現代日本におけるＳＢＮＲムーブメントの解明

ここからは、現代日本で経済価値を生み出している様々なムーブメントをＳＢＮＲという補助線を引きながら分析・考察することで、ＳＢＮＲ的精神の拡大がビジネスにおいてどのような実践につながっているのか？　また、どのようにすれば、「精神的緩衝地帯」を活用した実践ができるのか？を考えていきます。

これらのムーブメントを分析するときに頭に置いておきたいのは「脱・宗教」（De-Religious）」と「転・精神文化」（Shift to Spiritual）」という２つのメソッドです。

まずは「脱・宗教」（De-Religious）というメソッド。前章でも述べたように、世界的に「脱・宗教」化が進行していますが、ＳＢＮＲムーブメントにおける「脱・宗教」は、単に「特定の宗教への信仰意識が薄くなる」ことを指すものではありません。ここでいう「脱・宗教」とは、**宗教や精神文化がかつて持っていた社会的な権威や地位が、世俗的な価値観や実践に置き換えられ、それが個人や社会の精神的充足のために用いられること**を指します。**図３－１**でいうと、左上のSpiritual & Religious（宗教的かつスピリチュアル）が右上のSpiritual But Not Religious（宗教的ではないがスピリチュアル）へスイッチした事象です。

図3-1 「脱・宗教」：精神文化の世俗化と再構築

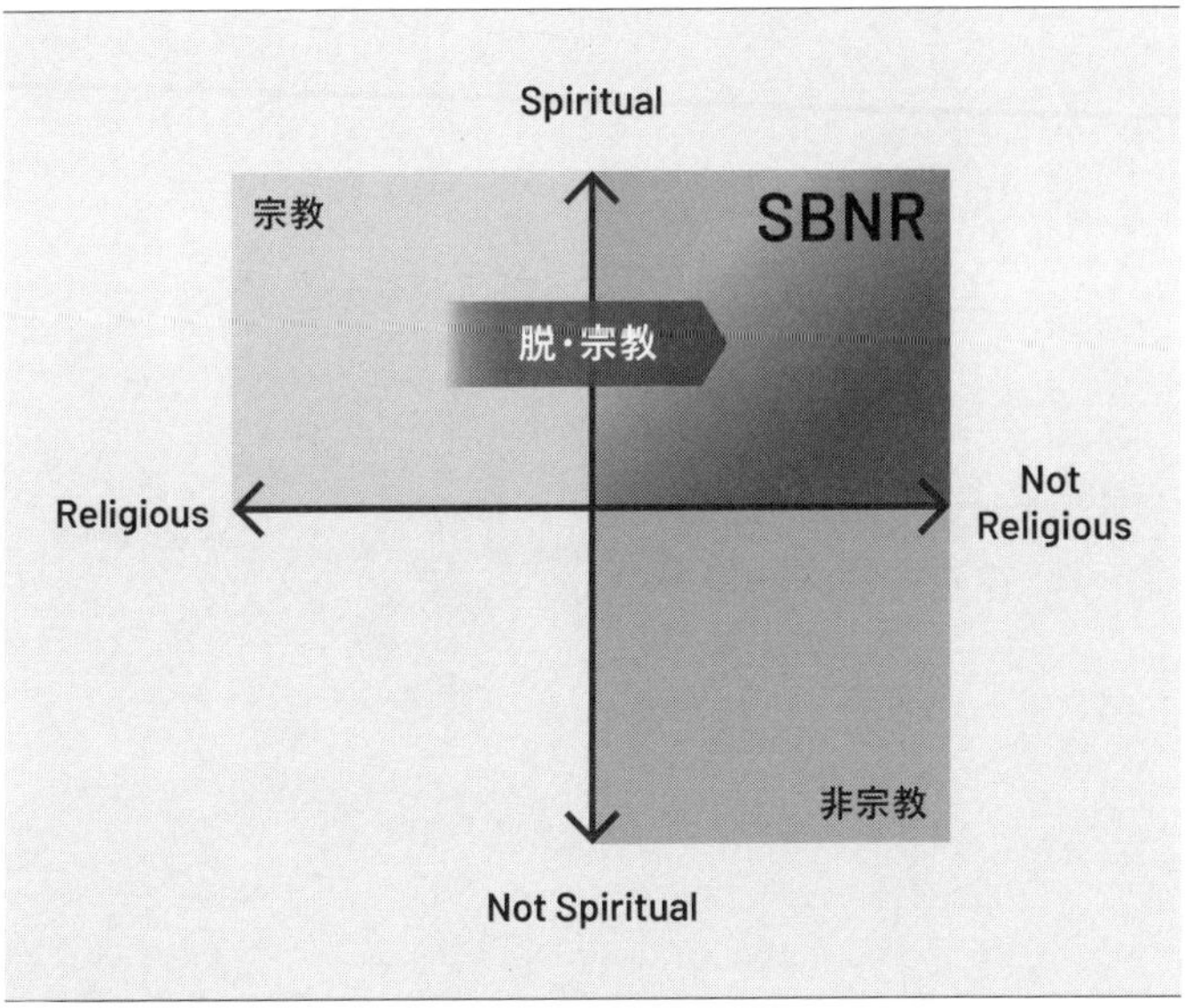

日本は長い歴史の中で、神道や仏教などの宗教的実践を日常的な慣習へと変容させたり、クリスマスのような宗教行事を商業イベント化するなど、国内外の宗教文化や精神文化を柔軟に取り込んできました。この傾向はＳＢＮＲの浸透によってさらに強まり、もともとは宗教にルーツを持つヨガやマインドフルネスなどの実践が、生活文化となって社会全体へと広がる基盤を作り出しています。

もうひとつは「転・精神文化（Shift to Spiritual）」というメソッドです。「転・精神文化」とは、**既存の非宗教的行為に、宗教の文化や行動様式を一部取り入れることで、行動化・習慣化させること**を指します。**図３－２**では、右下

図3-2 「転・精神文化」：スピリチュアルな価値の再発見と応用

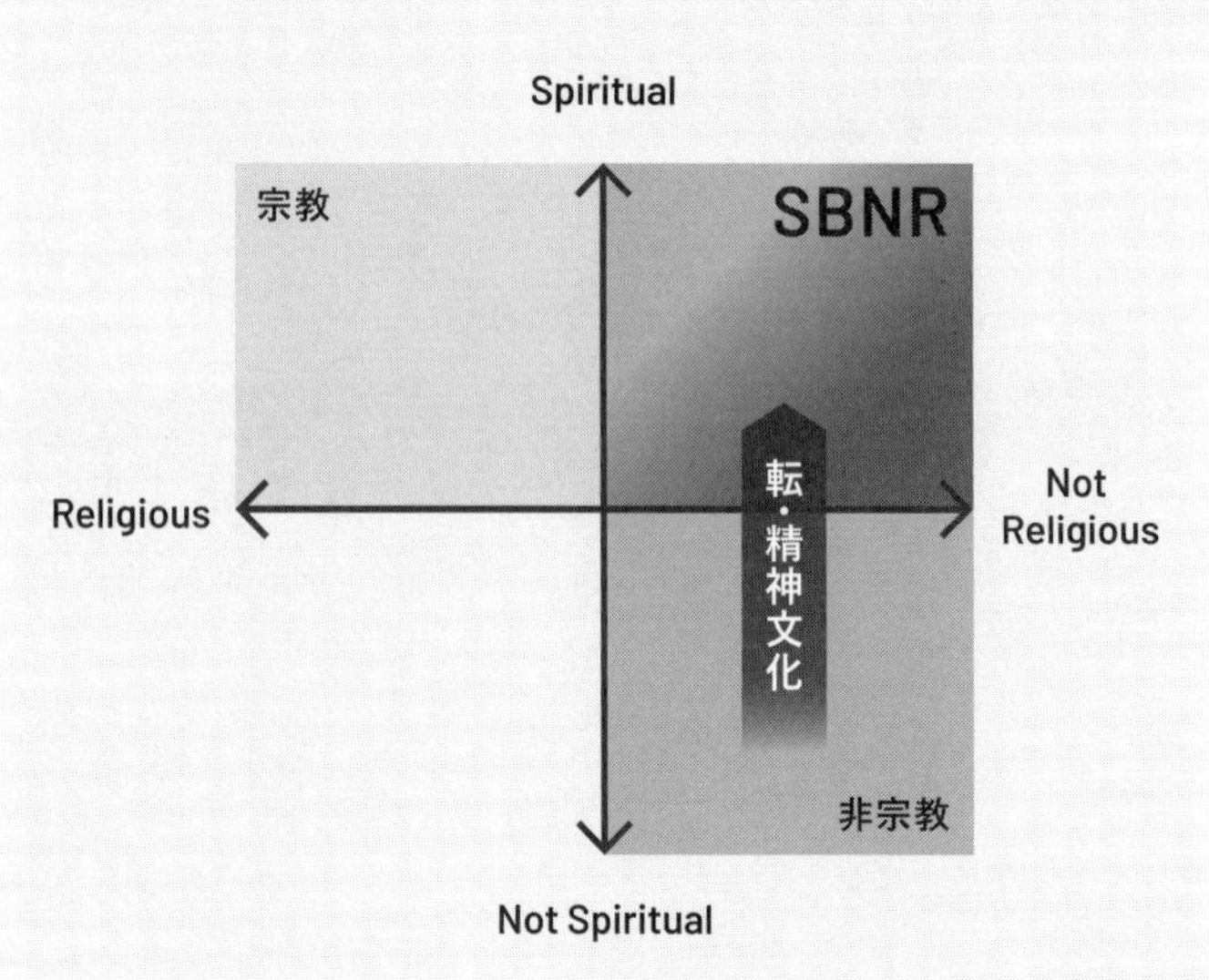

のNot Spiritual & Not Religious（宗教的でもスピリチュアルでもない）が、右上のSpiritual But Not Religious（宗教的ではないがスピリチュアル）へスイッチした事象。ポイントは、左上のSpiritual & Religious（宗教的でありスピリチュアル）の要素やルーツが付与されているということです。

例えば、会社帰りなどに定期的にサウナに行って心身を整えたり、リゾート施設などで自然の中に身を置くリトリート系のアクティビティが人気なように、自分の精神的な充足感を得ることを目的とした趣味が広がっていることは「転・精神文化」が浸透している証でしょう。

2つのメソッドの終着点である右上のSBNRという**緩衝地帯には、宗教を柔軟に再解釈し、応用・実践するための独自の舞台が広がっており、日本にはその舞台を受け入れるための文化的な許容性、柔軟性、そして包摂性が根付いています。**そうした環境において、無宗教を自覚する日本人は宗教的な価値観と非宗教的な生活観の間を行き来しながら、精神的な充足と経済的な価値の両立を試みる多様なムーブメントを生み出し続けています。

現代のビジネスや社会実践において新たな可能性を探るという点からも、SBNR的なムーブメントが国内でどのように進化し、どのように文化や消費行動に反映されているのかを理解することは重要です。以降では、この「緩衝地帯」を舞台とする様々なメソッドが、具体的にどのような形で文化や消費行動に具現化されているのかを、さらに深掘りしていきます。その過程で、SBNRの枠組みが示す新しい価値観の広がりと、それが持つ社会的・経済的なインパクトについても考察していきます。

1 「脱・宗教」

それでは、「脱・宗教」の事例を詳しく見ていきます。ここでは「インバウンドツーリズム」「ヨガ」「禅」の3つの事例を取り上げますが、「脱・宗教」事例に共通するのは、**宗教の「苦行」を、日常の「楽行」へと転換しているということ。**宗教という言葉から想像される「苦行（やらないと）」「教義（従わないと）」「組織（合わせないと）」「伝統（守らないと）」といったことから解放され、どのような人でも実践できるようになっていることが脱・宗教における大事なポイントです。

楽行化の4つのポイント：

1―苦行からの解放

宗教における厳しい修行や苦行を伴う実践とは異なり、SBNRでは、個々のペースに応じた無理のないアプローチを重視し、その体験が義務感ではなく楽しみそのものとなるよう設計されています。例えば、ヨガや瞑想のクラスではよく「リラックスし、人と比較しない」という姿勢が推奨されますが、このような環境は、内発的なモチベーションを引き出し、自然に続けられる実践を可能にします。

2―教義からの解放

図3-3 「脱・宗教」のアプローチは「楽行化」

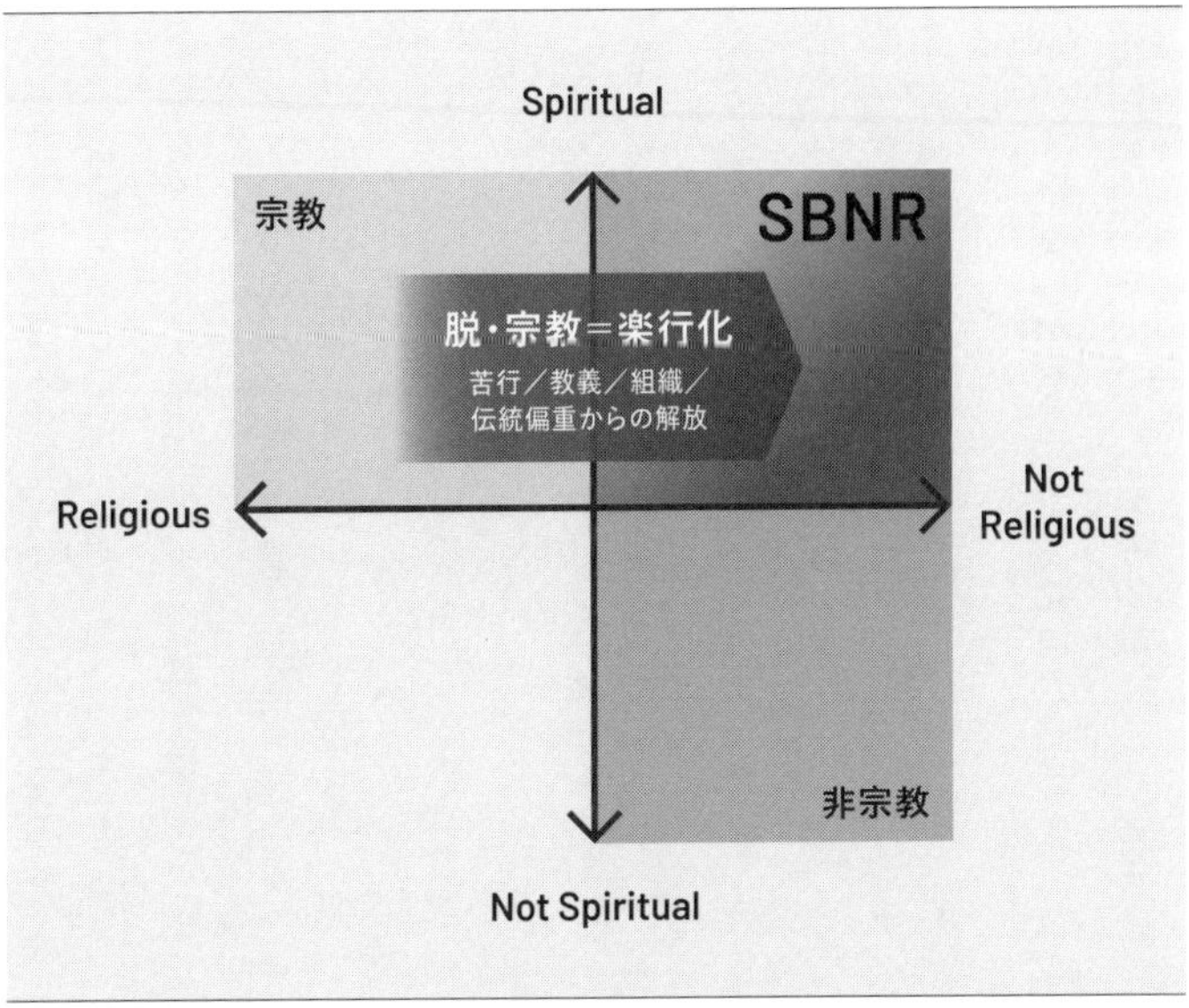

ＳＢＮＲの実践では、定められた教義を守るのではなく、自分自身の内面に向き合うことを中心に据えます。そのため体験者は指示を受けるだけでなく、体験を通じて自ら感じ、考える力を育むことが求められます。例えばマインドフルネス瞑想では基本的な手法は伝えられますが、「何を考えるべきか」という内容までは指導されないように、この「考えるきっかけ」を与えることが、体験者自身の内面的な発見を促します。

３―組織からの解放

ＳＢＮＲでは、組織や集団に合わせるのではなく、個人が独自に実践できる自由さを大切にします。オンライン瞑想クラス、アプリを利用したマインドフルネスやジャーナリングといったツールは、個人での実践を支える新たな仕組みとして人気を集めていますが、これにより、参加者は他者に縛られることなく、柔軟な形で精神的な活動に取り組むことができます。

４―伝統偏重からの解放

ＳＢＮＲは伝統的な価値を完全に否定するものではありませんが、伝統を「守ること」自体を目的化するのではなく、「未来にどう活かせるか」を重視します。例えば、森林リトリートでは

「自然との調和」や「自然の中にいる自分」を体感することを通じて、自然環境を大切にする心を育む取り組みが行われます。このような体験は、現代社会が抱える環境問題や持続可能性への意識を高め、日常生活の中での無駄な消費を見直し、環境負荷の軽減へとつながるのです。

これらすべてのポイントを押さえる必要はありませんが、**楽行化が進んでいる事象ほど、より多くの人に受け入れやすいムーブメントになっている**ことも確かです。これらのポイントを押さえたうえで、実際にムーブメントとして広がった事例を詳しく見ていきましょう。

インバウンドツーリズム：世界のSBNR層が注目する精神文化大国日本

一つ目の事例はインバウンドツーリズムです。日本政府観光局（JNTO）によると、2024年7月の訪日外国人数（推計値）は329万2500人で、2019年同月比10・1％増加し、2カ月連続で単月の過去最高記録を更新しました。この背景には、円安の影響が大きいと言われていますが、私たちは、**日本の精神文化を体験できるプログラムやコンテンツが増えたこともま**

た、**訪日の大きな動機となっているのではないか**と考えています。

例えば具体的には、巡礼は「ネイチャーウォーキング」、坐禅は「マインドフルネス」、祈り・参拝は「スピリチュアルツーリズム」、精進料理は「自然食」、武士道は「哲学・教養」といった形で、誰もが受け入れやすい現代的なプログラムへとトランスフォームされ、提供されています（**図3－4**）。こうした取り組みが増えたことで、**特に欧米を中心とした世界中のSBNR層が、日本の精神文化に内包される現代的かつ本質的な価値に注目**するようになっています。

日本の精神文化に惹かれてやってきた人々は、〝ゴールデンルート〟と呼ばれるかつての定番の観光地（東京、箱根、富士山、名古屋、京都、大阪）ではなく、〝霊的〟体験や、〝自然〟体験といった精神文化体験を求めて日本各地へと散らばります。

例えば、ヨーロッパの日本専門旅行代理店Japan Experienceが提唱した「**サムライルート**（Path of the Samurai）」というコースがあります。これは日本の歴史や文化に興味を持つ外国人観光客向けに、武士（サムライ）たちが実際に歩いたとされる街道を巡る体験を提供するために生まれたもので、金沢サムライルートや、富山・五箇山サムライルート、ＪＲ高山線サムライルート、松本サムライルートなど好みに合わせた選択が可能。従来の日本観光の王道ルートとは異なり、歴史的な道や観光地を巡ることができることで大変な人気を博しているといいます。

日本の定番ルートは、相変わらず人気ではあるものの、かつてほどの〝定番〟ではなくなっており、日本の精神文化への関心は旅行動態にも表れていることがうかがえます。

図3-4　日本の精神文化をSBNRの視点でトランスフォームする

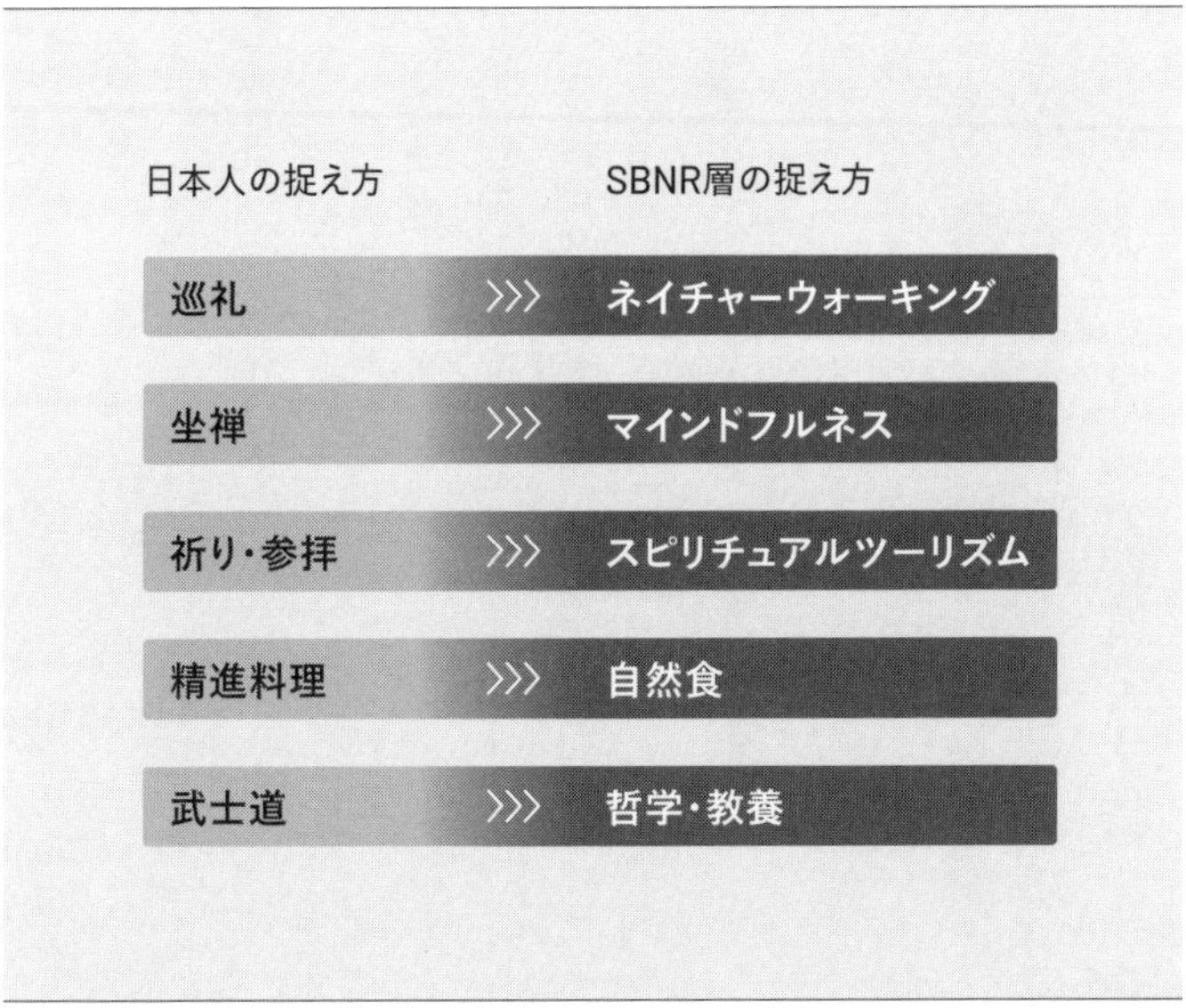

日本人の捉え方		SBNR層の捉え方
巡礼	>>>	ネイチャーウォーキング
坐禅	>>>	マインドフルネス
祈り・参拝	>>>	スピリチュアルツーリズム
精進料理	>>>	自然食
武士道	>>>	哲学・教養

出羽三山：宗教色を薄めることでインバウンドの目的地に

海外SBNR層が日本の精神文化を体験できるプログラムの例として、修験道の聖地として知られている**山形県鶴岡市にある出羽三山（月山、羽黒山、湯殿山）**をご紹介しましょう。

修験道とは、山岳信仰を元に発展した日本独自の宗教で、厳しい山での修行を通じて心身を鍛え、自然や祖先、命とのつながりを感じながら悟りを得ることを目的としています。日本全国で山伏修行ができる場所はいくつかあり、そのうち有名な修行地のひとつが出羽三山。私も本書の共同筆者の坪井さんに紹介していただき、1泊2日の巡礼体験に参加しましたが、そこで得た体験は2日間と短いながらも非常に印象深いものでした。

指導内容は非常にシンプルで、私語は一切禁止、「うけたもう（承知しました）」以外の言葉は使いません。スマホはもちろん時計もありません。何時に何をする、どこに行くなどは伝えられず、法螺貝の音がすべての合図となります。決められた装束を身に着け、導き役である山伏の先達の後をついて昼夜問わず山を歩き、滝行や勤行に集中することで、五感を研ぎ澄ませた濃密な体験が得られます。修行が終わると「直会（なおらい）」と呼ばれる宴会が開かれ、そこで初めて参加者同士が自己紹介をしたり、修行の感想を語り合ったりするのですが、短い時間でありながら、共に修行を乗り越えたことで生まれる深い絆を感じられるのもこの体験ならではの魅力です。

株式会社めぐるんの代表であり、本人も羽黒山伏である加藤丈晴氏は、出羽三山のふもとの宿坊街で廃業した宿坊施設を引き継ぎ、外国人向けの巡礼体験を「YAMABUSHIDO」として提供しています。加藤氏によると参加者の9割が欧米豪州からで、職業は経営層をはじめ、アーティスト、シェフ、セラピスト、カウンセラーなど多岐にわたります。彼らは「Spiritual Practice（精神修行）」等のワードでネット検索し、ヨガリトリートやチベット仏教体験などと並んで検索ヒットしたYAMABUSHIDOに興味を惹かれてはるばるこの地域へやってくるそうです。

参加者の多くは修験道の宗教的背景を知らないまま自己啓発を目的にやってくるため、加藤氏が主宰するYAMABUSHIDOの建て付けは**「巡礼体験の面白さや有用性を活かした商業的営みであり非宗教的体験」**となっており、体験名も海外にも通用する「BUSHI-DO（武士道）」と、「YAMA（山）」を組み合わせた「YAMABUSHI-DO」と名付けられています。このような「脱・宗教化」の工夫が修験道の敷居を下げ、様々なバックグラウンドを持った人の参加を可能にしているのです。

しかし、ただやみくもに「簡単にする」「楽にする」「カジュアルにする」だけでは修験道の本質に近づくことはできません。**敷居を下げて場を与え、導きながらも、自らで考えるきっかけを与えることこそが大事**なのです。加藤氏はインバウンド向けのプログラムを作る際の留意点と、本質に近づくための宗教との距離感について、私たちのインタビューで以下のように語っています。「本来は、宗教者の立ち位置や、宗教の力を再度認識した方が社会的取り組みの意義が強まる。なぜなら宗教は、理屈で説明がつかないものを儀礼によって受け継ぎ、それを前面に出してきたからです。説明がつかないものに心や体を開くという点では宗教はいいツールである。だから（建て付けはYAMABUSHIDOとしているが）私たち山伏自身は『宗教者そのもの』を名乗るのです」。

間口は「脱・宗教」化させて敷居を下げながら、体験のコアは本来の修験道からぶれさせない。だからこそ参加者たちは自分自身を見つめ直すだけでなく、「自分が理解できないものに対しても畏敬の念を抱く」「自然、心と体、いのちのつながりを感じる」という修験道の本質的なベネフィットに触れることができる。加藤氏の取り組みは、こうした本質を大切にしながらも柔軟にリデザインした、SBNR（Spiritual But Not Religious）的な成功例といえます。

そして、本質的なベネフィットの重要性を知っているのは、主催者側だけではありません。1988年に来日して以来、長年日本の精神文化をテーマに写真を撮り続けるエバレット・ケネディ・ブラウン氏は、著書『失われゆく日本』（2018年、小学館）の中で、外国人たちは観光客向けの表層的な体験でなく〝奥行き〟のある本質的な体験を求めているといいます。

彼の見解によると、日本文化を外国人に体験させるコンテンツが増え、テレビなどでも頻繁に取り上げられており、そこでは「おもてなし」「礼儀正しさ」「手先の器用さ」などの表面的な特徴ばかりが強調されているが、彼らが真に価値を感じるのは**「一見さんお断り」のような独自の文化で得られる深い体験である**。また、日本人は欧米人に対して「自分たちの文化を理解できるわけがない」という特権意識を持つが、外国人は予想以上に日本文化を理解し、新しい視点で日本を再発見していると指摘します。

2人の見解を踏まえると、**「脱・宗教」化で考えるべきは、「むやみに簡略化すること**（どんな要素を減らしたら／薄めたら簡単になるか？　敷居が低くなるか？）**」ではなく「体験で一番大事な要素を見つける**（この体験で何が一番大切なのか？　何を持って帰ってほしいのか？）**」ことなのかもしれません。**

「脱・宗教」で地域をリデザインするメリット

精神文化をSBNR的視点からリデザインすると、「観光客が増える」以外にも大きなメリットを得られます。Spiritual KANSAIの総合プロデューサーであり、SBNR研究の第一人者でもある渡邉賢一氏は、地域の精神文化資源の魅力を発信する際に、SBNRの考え方が非常に効果的であることを2つの視点から語っています。

ひとつ目は、**「脱・宗教」によって「公的な誘致活動」が可能になる**こと。政教分離の原則に従うと、スピリチュアリティに公的資金を使うことに対して様々な立場から意見が生じ、話がなかなか進展しません。しかし**SBNRという非宗教的な解釈を挟む**ことで、公的資金を使って誘客することも、参加者側の心理的ハードルを下げることも可能になります。つまり、布教活動ではなく「一般的な精神文化体験」として受け入れられるのです。

二つ目は、「脱・宗教」しつつも「スピリチュアル=神聖」な場所として万人が共有できる価値を維持することで、**異なる目的を持った訪問者を受け入れることができるようになる**という点です。例えばお遍路。もともと供養を目的としたものですから、国内の来訪者は供養目的の人が最多です。一方、欧米からはほとんどの人がデジタルデトックス目的として来訪します。時には撮影目的のインフルエンサーが来ることもあるでしょう。小さな我が子を亡くした悲しみを抱えた人のそばで、映える写真を撮ろうとしている人がいたり、心身がリフレッシュされて心地よさそうな顔をした人がいたりするのは、非常に違和感のある状況です。しかし**SBNRという視点を取り入れて「神聖な場所」として位置づける**ことで、来訪者はその場所に対する敬意を持ち、緊張感をもって振る舞うようになりますし、それによって、地元の人々も、来訪客を快く受け入れることができるようになるのです。

宗教的要素を排除しつつも、万人が共有できる本質的な価値を残す。出羽三山やお遍路のSBNR的リデザインの先駆的な事例は、今後日本産業の大きな柱として精神文化産業を成長させるヒントとなりますし、インバウンドツーリズムに限らず様々な経済活動にも応用できる学びではないでしょうか。

ヨガ：「脱・宗教」によって一大マーケットに

続いて「脱・宗教」に成功した例として「ヨガ」を取り上げてみましょう。かつてのヨガは「精神修行」としての色彩が濃く、多くの人々にとってとっつきにくいものでした。しかし現在、日本ではヨガは美容や健康を目的とした日常的なアクティビティとして広く受け入れられており、国民の10人に1人がヨガ経験者とされていることからも、その普及ぶりは明らかです。多くのリゾート施設やリトリートのプログラムにも組み込まれるようになっています。

ヨガがここまで定着した過程で、「脱・宗教」化の取り組みが重要な役割を果たしました。古代インド発祥のヨガは、もともとヒンドゥー教や仏教とも深く結びつき、瞑想や呼吸法を通じて精神的な覚醒や悟りを目指す厳しい修行として始まりました。しかし、その後日本に伝わると、宗教的側面が徐々に取り除かれ、現代社会のニーズに適応していきます。特に20世紀後半以降、西洋の影響を受けた「フィットネス」としてのヨガが広まり、身体的な健康や癒しといった具体的なメリットを前面に押し出すことで、一般層にも受け入れられるようになりました。実際にヨガをやったことがある方の中には、健康増進やダイエット、姿勢改善、ストレス解消を目的に始めた方も多いでしょう。

「脱・宗教」的演出でスタイリッシュな健康習慣へ

ヨガスタジオの多くは、かつての「道場」のような厳粛な雰囲気ではなく、モダンで洗練されたデザインや、海外風のスタイリッシュなイメージを採用しています。中には岩盤ヨガや溶岩ヨガのようなユニークなものもありますが、このような「脱・宗教」的演出により、**ヨガは宗教や特定の文化から切り離され、「意識の高い特別な趣味」ではなく、「誰にとっても手軽で魅力的なアクティビティ」として定着しました。**

例えば、「ヨガをライフスタイルに」という理念を掲げるスタジオ・ヨギーは、日本でヨガを大衆に広めた先駆者的存在です。同社はスタジオの内装やロゴデザインにおいて宗教色を極力排除しつつも、心と体の調和を重視するヨガの本質を丁寧に伝えてきました。

加えて、スマートフォンアプリ「寝たまんまヨガ」（寝たまま瞑想するためのアプリ）やオンラインレッスンなど、多様なライフスタイルに合わせたサービスを展開し、どんな人でも自分に適した形を見つけられるような様々なサービスを提供しています。

「脱・宗教」しながら、本質的価値は見失わない

ヨガが現代人に広く受け入れられているもう一つの理由に、ヨガを行うこと自体が運動ができる／できないにかかわらず「身体に良いことをしている」という感覚をもたらし、それが自己肯定感を高めることも挙げられます。自ら進んで体を動かし、リラックスしながら心を整える時間を持つことは、日常生活では得がたい自己充実感を与えてくれます。これは、**特定の宗教や信仰によらず、自分自身の内面に進んで意識を向けるSBNRな実践の一つといえます。**

日本人の国民性を考えると、ヨガの抽象的なガイドや精神的なイメージを受け入れることに抵抗を感じる人も多いでしょう。「背中に呼吸を届けて」「足の裏から大地のエネルギーを感じて」といったインストラクターの指示に対し、「そんなことできっこない」とか「意味があるのだろうか」「バカバカしい」と感じるかもしれません。しかし、そうした戸惑いもまた、自分自身の

思考や感情のパターンの発見へとつながります。**ヨガの体験そのものが、自分を見つめ直すきっかけとなるのです。**

「脱・宗教」によって、ヨガは多くの人に受け入れやすくなりました。しかし、スポーツやフィットネスが数多ある中でヨガがここまで定着したのは、単に「脱・宗教」してハードルが下がったからというだけでなく、**ヨガ本来の本質的な価値である「心と体の調和」を失わなかった点にある**のではないかと私は考えています。

例えば、ヨガの締めくくりに行われる「シャバ・アーサナ(屍のポーズ)」は、心を静め、余計なものを手放し、ただ「存在する」ことに集中する時間を提供してくれます。ヨガはシャバ・アーサナのような、心身に向き合う動作と呼吸の積み重ねで成り立っており、その体験は日常生活でストレスにさらされがちな現代人に深い安寧や癒しを与えてくれるものとして機能しています。**ヨガの普及は、宗教的な側面を取り除きながらも、内面的な豊かさや自己調整という普遍的な価値を強調することで可能になりました。**その結果、特定の文化や宗教を超えて多くの人に愛されるアクティビティとして定着したといえますし、ヨガが広がることで、より多くの人々が自己発見や自己肯定感というSBNR的な体験に出会う可能性を手に入れているのです。

禅：「脱・宗教」によって多様なカルチャーへ

「脱・宗教」の最後の事例は、本書でも繰り返し言及されている「禅」です。「心を静め、無駄を省き、今に集中する」という**禅のシンプルなアプローチは、瞑想やマインドフルネスを超えて、建築、食、アート、プロダクトデザイン、さらにはスポーツやビジネスに至るまで、様々な分野で見られるようになりました。禅は単なる精神修行としての枠を超え、精神性とともに日本独自の「美学」としても世界的に浸透しています。**

例えば、禅における食の価値観は、その精神的深さが際立つ分野です。禅では食事が単なる栄養摂取にとどまらず、心身を浄化するための重要な修行とされ、禅僧たちは食前に「五観之偈《ごかんのげ》」を唱え、食事の倫理的意義を見つめ直します。この精神は、食を通じたマインドフルネスを重視するSBNR層の価値観と深く通じており、**マインドフルイーティング（「今この瞬間」に集中し、食事を味わう）やスローフード運動（地元の伝統や食材を大切にし、時間をかけて味わう）、マクロビオティック（食材の「陰陽」のバランスを取りながら身体と心の調和を目指す）などと共通点を見出すことができます。**

また、禅の価値観を反映した精進料理にも注目が集まり、特にインバウンドツーリズムや国際的な食文化交流の中でその存在感が強くなっています。実際、Netflixの人気シリーズ『CHEF'S TABLE』では禅僧シェフが取り上げられ、ロサンゼルスの「Shojin」など世界各地に精進料理を提供するレストランが増えています。世界的に有名なデンマークの名店「Noma」のシェフ、レネ・レゼピ氏は、日本の精進料理の第一人者である棚橋俊夫氏を訪ね、精進料理の哲学に深く感銘を受け、それを自身の料理にも取り入れたことでも知られています。このように、食を通じて精神的な豊かさを追求することに共鳴するシェフや料理人たちにとって、精進料理の考え方は、**単なる技術を超えた「食の芸術」として新たなインスピレーションを提供している**といえるでしょう。

世界のニーズに応える禅の思想

禅が持つ「無駄をそぎ落とす」という精神は、現代の生活スタイルやプロダクトデザインにも通ずるものがあります。Apple製品や無印良品のデザインが世界中の人に受け入れられていることも、**見せかけの美しさではなく、禅的な、シンプルかつ実用的な価値が求められている証**といえるでしょう。

また、近年注目されているシェアリングエコノミーやデジタルノマドのライフスタイルも、禅の「必要なものだけを持つ」という思想に通じています。物質的な所有から解放され、柔軟で精神的な充実を追求する傾向は年々大きくなっていますが、この動きは未来の価値創造に向けたヒントを提供してくれています。

こうした動きは、**禅的な思想が新しい社会的価値やライフスタイルを導く力を持っていることを示しているといえるでしょう。**

世界で広がる「脱・宗教」ムーブメント

インバウンドツーリズム、ヨガ、禅など「脱・宗教」の事例を見てきましたが、これらのムーブメントに共通する最も重要なラーニングは、**「本質的なベネフィット（癒し／安定／自己探求／健康…）を残しながら、宗教色を薄めて楽行化すること」**です。

そのための具体的なポイントとして、「苦行／教義／組織／伝統からの解放」をご紹介しましたが、これらは、ＳＢＮＲ（Soul / Body / Nature / Relationship）のフレームにも重ね合わせて解釈することができます。例えば、「苦行からの解放」は身体的な快楽や充足（Body）を促し、「教義からの解放」は内面的な探求や精神的な自由（Soul）につながります。「伝統からの解放」は、ＳＤＧｓやサステナビリティといった自然との共生（Nature）を強調し、「組織からの解放」は、多様なつながりや安心感を生む新しい関係性（Relationship）を築くための土台となります。

こうした「脱・宗教」のアプローチに成功したインバウンドツーリズムは訪日需要を喚起し、外貨獲得や日本のグローバルブランディングに貢献しました。ヨガは宗教的な背景を排除し、誰でも取り組める健康法として市場を拡大し、新しい層を取り込むことで一大マーケットを築きました。禅もまた宗教的側面を切り離すことで、カルチャーとして再構築され、ブランディングやコンテンツ開発のインスピレーションを与えています。

これらの事例は、**いずれも社会的・経済的価値を生み出しており、他の領域やジャンルへの応用可能性を示しています。**

無宗教化が進む現代において、このようなSBNR的アプローチによる「脱・宗教」のムーブメントは、日本国内に留まらず、グローバルな視点でもさらなる広がりを見せるのではないでしょうか。それは、**精神的な探求が求められる時代において、新たな価値観と実践の可能性を提示するものへとさらに発展していくことでしょう。**

2 「転・精神文化」

さて、ここからは、「転・精神文化（Shift to Spiritual）」によって広がったムーブメントを見ていきます。「脱・宗教」が宗教的行為を楽行へと転換するアプローチなのに対し、「転・精神文化」は**もともと宗教的な行為ではなかったものに、宗教のルーツや考え方などを取り入れることで、より高い体験価値や効用を生み出し、日常行為をリチュアル化するというアプローチ。**リチュアル化…と言ってもピンとこないかもしれません。キーワードは「道《みち》化」「型《かた》化」「聖地化」です。

リチュアル化の3つのポイント

1｜道化：その行いを極めながら、自己を探求すること。

2｜型化：既存の行動に新たな形式やルールを取り入れ、あえてその型にはまること。

3｜聖地化：特定の場所や空間に、精神的価値を付与すること。

この3つのポイントを押さえながら、「転・精神文化」した2つのムーブメントを見てみましょう。

図3-5 「転・精神文化」のアプローチは「リチュアル（儀式）化」

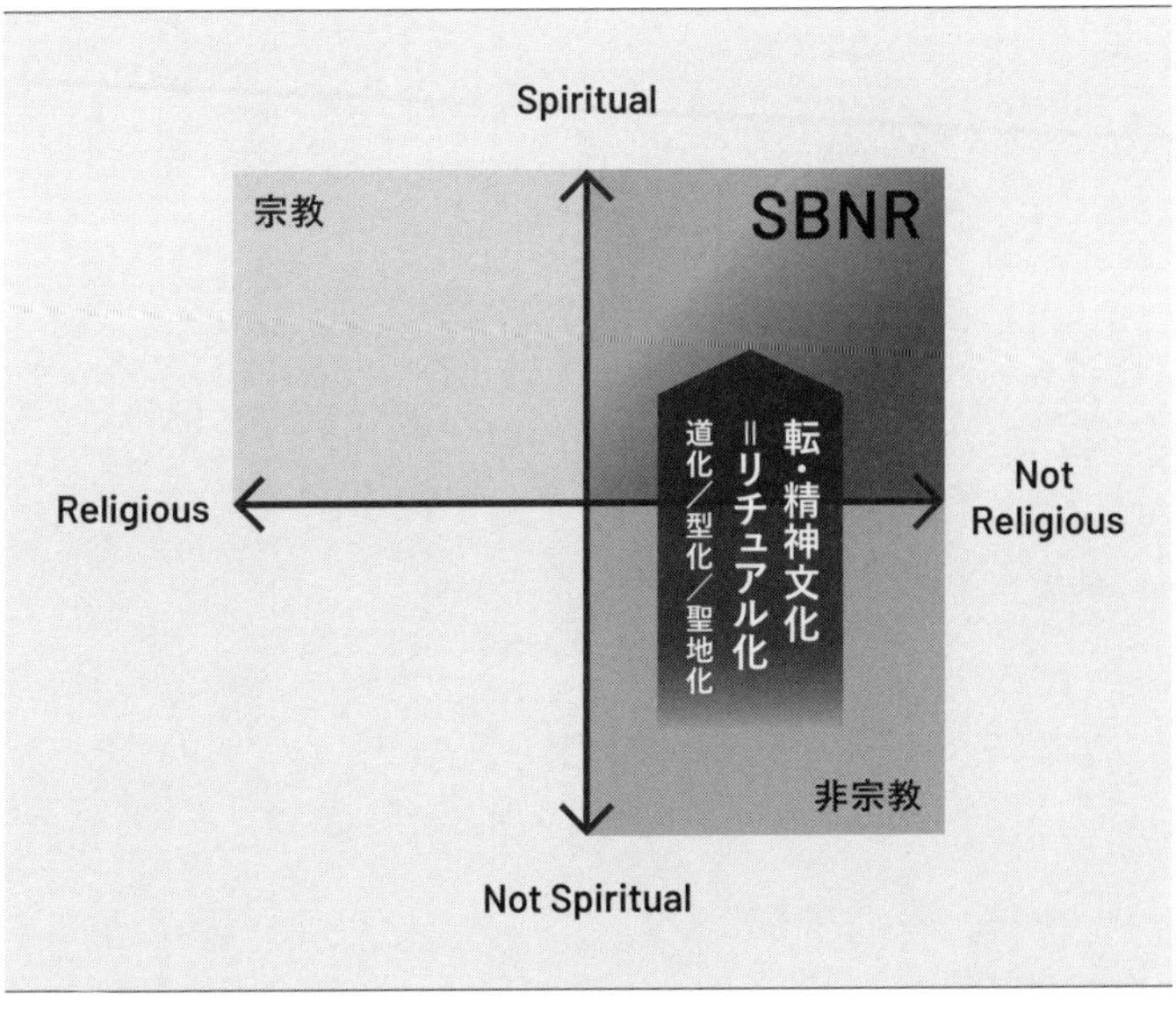

日本の精神性を取り入れ進化したサウナ文化

最初の事例はサウナです。日本にサウナが初めて登場したのは戦後復興期のことです。当時、欧米から輸入された新しい文化として、ホテルやスパなど高級施設で提供され、主に富裕層向けのサービスとして普及。やがて、都市部の大浴場やスーパー銭湯に併設されるようになり、仕事帰りのビジネスパーソンを中心に利用が増加します。1970年代には第一次サウナブームが到来し、「汗をかいてデトックスする」新しい健康法として注目されました。その後のオイルショックや社会の変化により一時的に勢いを失いますが、それでも1980〜90年代にはスーパー銭湯や温泉ブームの影響を受けて再び注目され、女性や家族層を含む幅広い層へと広がっていきました。

そして2010年代後半。サウナは「第三次サウナブーム」とも呼べる新たな局面を迎えます。このブームでは、単なる健康促進のための習慣ではなく、日本独自の文化的視点を取り入れたサウナ体験が重視されており、それまでのサウナブームと異なる性質を持っていました。

道化：マンガ『サ道』による精神的探求

このブームを象徴する存在が**タナカカツキ氏による『マンガ　サ道〜マンガで読むサウナ道』**です。2014年に『モーニング』（講談社）での連載が始まり、2019年にテレビドラマ化されると、サウナは単なる健康法や美容法から、精神的探求を伴う新しい文化へと昇華しました。タナカ氏が提唱した「**サウナを〝活動〟ではなく、〝道〟として捉える**」というアプローチが、多くの人々に影響を与えたのです。

この「道」という概念は、日本の茶道や剣道、華道に見られる精神性や探求のプロセスに共通するものですが、サウナもまた「心身を整え、自己を見つめ直す場」としての側面を持つようになります。

『サ道』が示すように、サウナにおける精神的な探求は、単にリラックスするだけではなく、心の深層に触れる体験へと進化しました。その象徴的な表現が「**ととのう**」という独自の言葉です。サウナを通じて得られるリラックス感や精神的解放感は、「ととのう」という表現を通じて認識され、サウナを求める新たな文化的価値が生まれました。この「**ととのう」という感覚が、**

サウナをただの活動ではなく、自己探求の「道」へと位置づける重要な要素となったのです。

この「ととのう」という感覚、皆さんならどのように表現しますか？ 英語では「feel good」や「revitalized」？ 日本語なら「すっきりする」？ しかしこれらの表現では「ととのう」の微妙なニュアンスを完全には伝えられないですよね。実際に「ととのう」という感覚には正解もゴールも存在しないというところもまた大きな魅力であり、サウナーたちはサウナに通い続け、痩せることやスッキリすることではなく「自分なりのととのい方」を求める「求道者」になっていったのです。**私たちはこういった事象を日本の精神文化（求道）が持つ探求性・儀礼性を取り込む「道化」と名付けています。**

型化：サウナ体験のシンプルな過程と反復

サウナ体験の「道化」が進む中で、サウナは次第に確立された「型」を持つ行為として発展してきました。サウナという行為が、ただの身体を温めるための手段ではなく、**決められた型を繰**

り返すことによって心身を整え、自己と向き合う時間として進化し、日常の中に組み込まれることで精神的な成長と探求を促す重要な儀式の一部となったのです。

サウナ↓水風呂↓外気浴というシンプルな過程は、サウナ体験を反復する中で自然に身についていきます。この一連のプロセスを繰り返すことによって、身体はリフレッシュされるとともに、心も整えられ、過不足なく自分の気持ちを満たすことができます。

このシンプルさが、逆にサウナの本質的な魅力を際立たせており、どのレベルのサウナーでもそれぞれのペースでこの儀式を体験できるようになっています。

例えば初心者にとって、このシンプルな手法は、見よう見真似でもその過程を体験し、サウナ本来の効果を実感できるようになっていますし、熟練者にとっては、この一貫したプロセスこそが精神的な修行の場となり、「サ道」としての深い探求が始まります。サウナに対する熱い思いを持ったサウナーたちの中には、「水風呂に入らないなんて邪道だ！」という人もいますが、これは、単に身体的な効果を追求しているのではなく、この型を非常に重視しているからこそ生まれる発言ともいえるでしょう。

サウナの型がしっかりと身についていく過程で、熟練者はその反復的な行動を通じて、自分の不調に気が付いたり、自分なりの「ととのい方」を追求し、高みを目指す精神的な道へと昇華したりすることにつながるのです。

サ道を極め、型を反復していると、必ずと言ってよいほど「**熱波師**」に出会うことでしょう。熱波師とはドイツの「アウフギーサー」をベースに日本で独自に発展した職業であり、サウナ室でアロマ水をかけた石から発生する蒸気をタオルや団扇を用いて拡散させ、利用者に心地よい熱風を送る専門家のことを指します。これが「熱波師」として世に広まったのは2013年頃、『月刊サウナ』編集長の林和俊氏と元プロレスラー井上勝正氏（別名：サウナ皇帝）がこれを「熱波師」と呼び始めたことがきっかけです。

2人は「武道や茶道のように教え導く道として『熱波道』という世界を創造した」［*1］と語っており、熱波師を最初から「求道者」として位置づけました。熱波道を究める彼らは、サウナーにとっては精神的な価値を探求する「サウナ道における導師」という側面も持ちます。**サウナーたちは熱波を通じたリラクゼーションや爽快感を得ながら、熱波師たちに新たな型を学ぶことができるのです。**

サウナの作法を反復し、時に新たな「道」を学ぶことは、日々の忙しさから解放される時間を提供し、心身ともに「ととのう」ことで、精神的な成長を実感する瞬間をもたらします。こうしてサウナという行為は、ただの身体的なリフレッシュにとどまらず、心の中での調和や自己探求、そして最終的な精神的な成長へとつながる大切な「道」の一部となっていったといえるでしょう。

聖地化：サウナの聖地化と巡礼の文化

日本のサウナ文化の発展に伴い、近年特に注目されているのが「聖地化」の動きです。サウナの聖地とは、単に有名な施設を指すだけではありません。それぞれの施設が持つ水質や温度、景観、空間の静謐さ、ラグジュアリーさ、利用者がそこで体験する「ととのい」の感覚など、独自の特徴をもってはじめて、聖地としての価値が生まれます。サウナーたちは「次はどこ

＊1　おじさんたちが来なくなって…「サウナブームのピークは終わった」火付け役が語る「切実な原因」と「次の一手」（2024年5月12日『マネー現代』掲載 https://gendai.media/articles/-/128764）

のサウナを訪れるか」という期待感を持ちながら、気になる施設があれば全国各地へ足を運び、新たな「ととのい」を体験するための遠征を行い、サウナ巡礼が一つの文化として定着していきました。「サウナイキタイ」といった専門サイトや毎年プロサウナーが審査員となって11の優れたサウナを選定する「サウナシュラン」などの企画も巡礼文化を支える一助となっています。

このような聖地化や巡礼行為はこれまでのサウナブームには決して見られなかった現象であり、サウナーたちの間で新たな楽しみ方を生み出しています。**こうした巡礼行為により、サウナは単なる娯楽の域を超え、まるで修行や探求のような意味合いを帯び、神聖な体験へと昇華されていったのです。**

「サ道」の示唆する文化的価値拡張

このように日本のサウナ文化は、発祥の地であるフィンランドのサウナ文化とは大きく異なる形に魔改造され、進化してきました。

フィンランドでは、サウナは家族や友人と共に過ごす日常の一部とされています。しかし、日本ではサウナは単なるリラクゼーションではなく、「心身を清め、整える」という日本的価値観と結びつき、サウナで得られる感覚や熱波師や水風呂にも独自の解釈が加わったことで深化・多様化が進み、個人的な肉体的・精神的な体験に重点が置かれた新たな文化として定着しています。

現在、サウナ人口は一時的なブームから安定期に移行しつつありますが、第三次サウナブームは単なる一過性のトレンドではなく、新たな文化的価値をもたらしたといえます。それは、**決められた型の中で自分自身の内面を見つめ直す自己探求の場としての精神的価値です。**こうした日本独自のサウナ文化からは、ＳＢＮＲなライフスタイルの一例として、これからの生活文化の在り方にもヒントを見つけ出すことができるでしょう。

「推し活」として市民権を得たファンカルチャー

もうひとつ、「転・精神文化」による市場拡大の例としてファンカルチャーを挙げます（※ここでは「推し活」ならびにその原型である「オタ活＝オタク活動」を総称してファンカルチャーと呼びます）。

メディアでは連日「推し活」が取り上げられ、企業も推し活を意識したコミュニケーションを展開するようになりました。絶対的価値観が消失し、個々人が自分にとって価値のあるものを主体的に探求しなければならない現代、ファンカルチャーは日本でかつてない盛り上がりを見せています。博報堂とＳＩＧＮＩＮＧが２０２４年に発行した「オシノミクスレポート」での調査では、「推しがいる」と回答する日本人は３人に１人と、推し活は日本経済において無視できない存在となっています。

早稲田大学坪内博士記念演劇博物館の児玉竜一氏と招聘研究員の赤井紀美氏は、日本人とファンカルチャーの親和性が高い理由として「庶民層の厚さ」が影響しているのではないか？といいます。『推し』にお金を捧げること、それを行っている人が可視化されるのも日本の特徴かもしれないですね。例えばアメリカやイギリスは、もっと見えないところでもっと大きな金額が動いているのと聞きます。そのお金を出している人たちはほんとの一部の雲の上の存在で、一般人からは見えません。逆に**日本は庶民ができる範囲で頑張ってお金を出し合って推している**、という感じを覚えます。この部分も日本の『推し活』の特徴として挙がるかもしれません」[＊2]

推し活が発展する中で、推す側の心理にもバリエーションが生まれました。前出の「オシノミクスレポート」では、推し活の心理を6つのタイプに分類しています。

①推し活を共有体験にしたいクラスター
②推し活で日々を輝かせたいクラスター
③推しをエネルギーに生きたいクラスター

図3-6　推し活の心理の6分類

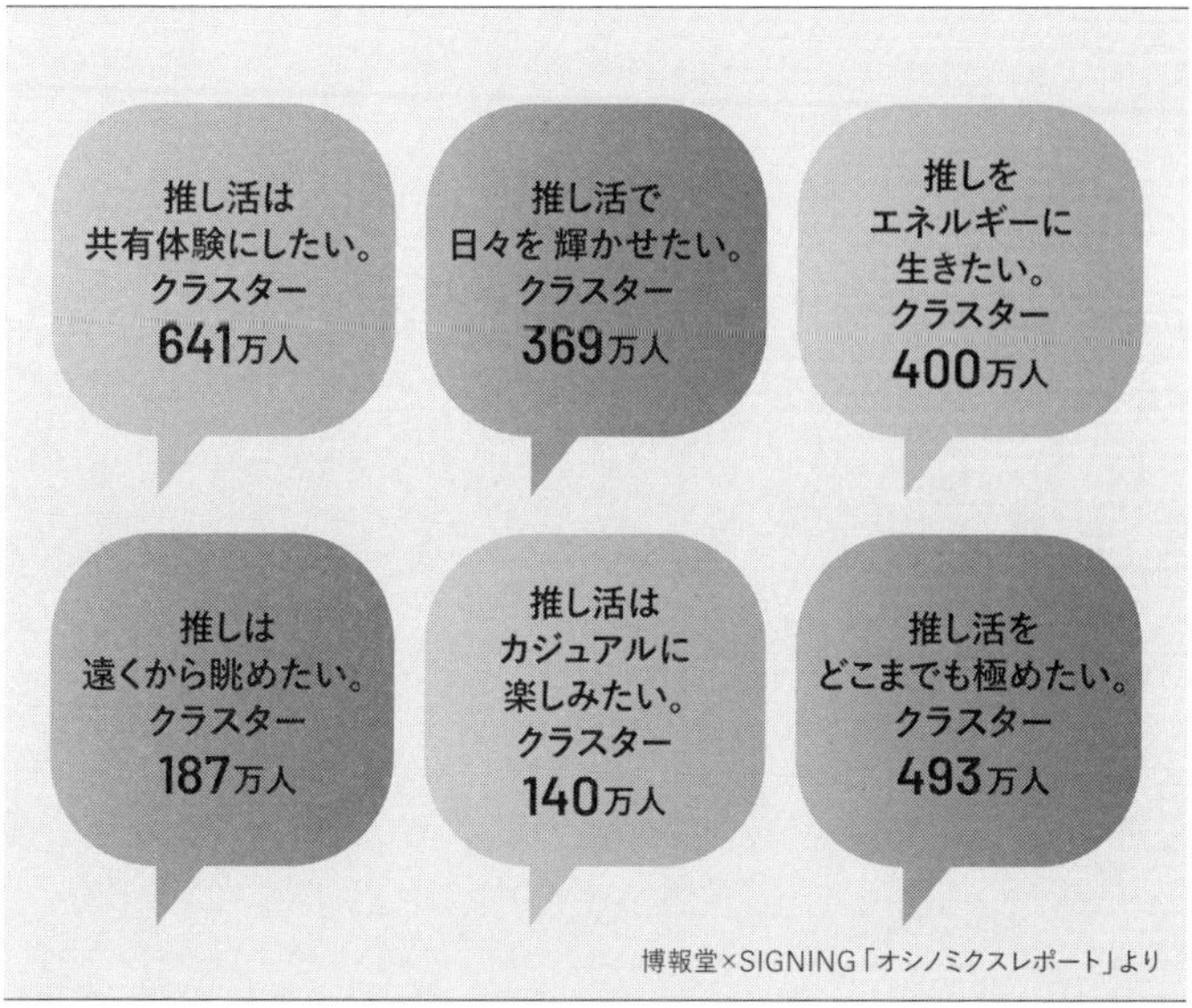

博報堂×SIGNING「オシノミクスレポート」より

④推しを遠くから眺めたいクラスター　⑤推し活をカジュアルに楽しみたいクラスター　⑥推し活をどこまでも極めたいクラスター。この分類だけでも推し活の多様性がうかがえますが、私たちが特に注目したいのは③と⑥のタイプです。③は推しは生きがいであり、ＳＮＳを駆使して推しの情報を集め、オタクの自覚を持ち、推しのグッズを常に身に着け、コラボ企業に感謝を示すという特徴があります。⑥は、推しのグッズをすべて網羅し、イベントにすべて参加し、推しへの課金を愛情表現として行い、推し活をやめられないストイックな姿勢が特徴です。私たちは③や⑥のような推しを神聖化するファンたちの推し活スタイルはきわめて「転・精神文化」的であると考えています。

「推す」とは、「南無」することである――「道化」した推し活

推しこそアイデンティティ、推しは自己表現手段。推し活の意義としてそんな話をよく聞きます。もちろん、ファンの日常生活や心理に深く入り込む「推し」はその人の自己形成や生きがいに大きく寄与しています。推しが発信するメッセージや行動を自分の生活に取り入れ、推しの理

念を自分の価値観に落とし込み、自己を高めていく行動を取ること。推しの成長を見守りながら、自分も理想的なファンへと成長していくこと。こういったこともヘビーファンの推し活の特徴といえ、サウナと同様に**「求道」的側面が強い**ことがうかがえます。

僧侶であり随筆家、そして「煩悩クリエイター」としても知られる稲田ズイキ氏は、自身もアイドルの熱狂的なヘビーファンとして、朝日新聞ポッドキャスト〔＊3〕の中で宗教と推し活の共通点についてユニークな視点を呈示しています。稲田氏によれば、仏教の実践である「何かを選び取ってそれを信じ、念仏を唱え続ける行為」は、推し活において「ひとりのアイドルを選び、人生を捧げ、そこから幸せを得る」という状態と非常に似ているといいます。すなわち、**「推す」という行為は「南無する（帰依する：その対象を崇め、その教えに全身全霊ですがること）」ことと同義だ**、というのです。

＊2　博報堂×ＳＩＧＮＩＮＧ「オシノミクスレポート」より

＊3　アイドルは無常、推し活は修行　オタク僧侶が語る仏教との共通点　＃５８２（「朝日新聞ポッドキャスト」https://www.asahi.com/special/podcasts/item/?itemid=d9c0592f-98f3-4436-92b3-ae3c00d80c25）

さらに興味深いのは、推していたアイドルが何らかの理由で目の前から消えてしまったときのファンの心情です。稲田氏はこれを仏教の歴史と照らし合わせて説明します。お釈迦様が物理的な存在としての人間から、「如来」（＝仏）という普遍的な存在へと昇華していったように、ファンも「推しロス」を乗り越える過程で、「推しがいなくても推しがいる」という感覚に至ります。つまり、**推しは目に見える形ではいなくなったとしても、その存在が心の中で生き続け、自分を支えているという境地に達する**のです。

「推しとの関係性」や「推しの喪失」を宗教と結びつける稲田氏の考察にヒントを得ると、**推し活とは、対象と結ばれることではなく、推すというその行為自体が目的であり、自己の存在を保ってくれるもの。ただただそこに帰依し、その信仰を持ち続けることに意味がある。それこそが幸せである。**つまり、「転・精神文化」メソッドの「道化」が働いている世界であるということがうかがえます。

推し活をクリエイティブに発展させた「型化」

ヘビーファンとして推し活が日常生活の一部になると、推し活の「型化」が進みます。**推し活の型化とは、ファンが日々の活動に一定のルーティーンや形式を設け、推し活の精神的価値を意識的に高めていくプロセスのこと。**

例えば、毎日推しのコンテンツをチェックしたり、決まった時間に推しのライブ映像を観る、あるいは推しのＳＮＳに毎日リアクションをするなど。日々の行動に規則性を持たせることで、推し活が形を持ち、その活動に対する意味がより深まります。さらに熱心なファンになると、毎月新しいファンアートを描いたり、ライブレビュー動画を作ったり、オリジナルグッズを制作するなど、よりクリエイティブかつパーソナルな活動が生まれるようになります。

また、個人だけでなく、自分の所属するファンコミュニティにおいても、この「型」を守ることは、ストレスなく推し活を楽しむために非常に重要です。

特に女性ファンが多いコミュニティや、古参と新規ファンの間に縦社会があるＳＮＳや現場では、ファン同士が社交的で礼儀正しくコミュニケーションを取ることが重視されます。ルール違反をすると、ファンとしての「格」を落とすことにもつながりかねません。

しかし、そのようなルールがあることで、ファンはその範囲内でどれだけ創造的に楽しむかを競い合い、推し活がより豊かなものになっていきます。エンタメ社会学者の中山淳雄氏は、特に女性ファンが開発してきた多様な推し方について触れています［*4］。例えば同氏が「アイドルを我が子のように応援したり、コンサートへの参加方法を工夫したり、聖地巡礼やテーマカフェの訪問など、新しい楽しみ方を開発してきたのは女性ファンが多い」というように、**女性の参画とSNSの普及によって、推し活はますますクリエイティブな活動へと進化しています。**

推し活における「型化」での特徴として、宗教的用語の多用が挙げられます。例えば、推しと自分の関係性は「神」と「信者」、推しのゆかりの地を訪れる行為を「聖地巡礼」、推しの成功や健康を祈るために神社仏閣を訪れることを「奉納」、グッズの開封を「開封の〝儀〟」など、推し活における宗教的例えを挙げるとキリがありません。さらに推し活の幅が広がるにつれて、「奉納」や「祭壇」、「投げ銭」など、その行動に合わせて新たに宗教用語が当てはめられるようになります。**あたかも宗教行為や神聖な儀式のように表現されることで、ファンがそのルーティーンに没頭し、自らの行為を正当化するという仕組みが確立されているのです。**

推し活が拡大するにつれて、**ファン活動に合わせた新しい「型」が生まれ、その活動により深い意味が宿ります。そしてその「型」を損なわない範囲で、新たな推し活のあり方が生まれていきます。**このように、推し活は単なるファン活動の枠を超え、独自のルールを持つ文化として発展し、自己表現や喜びを増幅させる新しい文化へと進化しているのです。

推し活を一大産業に発展させた「聖地化」

推し活における「聖地化」とは、**推しとのつながりを感じるために、ファンが日常的なルー**

＊4 博報堂×SIGNING「オシノミクスレポート」より

ティーンを超えた行動に出て、推し所縁の地へと出向くこと。ライブや撮影現場はもちろん、推しが好きなカフェ、推しと共通点がある店など、聖地の解釈はファン次第。2023年には漫画『スラムダンク』の鎌倉巡礼が話題になりました。

ファンにとって、推しが過去に訪れた場所や関連する場所は、ただの観光地や施設ではなく、**推しとの「心の交流の場」**。その場所を自らの足で訪れることで、**推しとの絆を再確認し、心の中でつながりを強く感じることができる**のです。

「聖地化」は、普段ファンたちが行っている推しのSNSのチェックや、ファン同士の交流とは一線を画す、推し活ルーティーンから外れた行動ではありますが、その行動こそが推しへの愛をしっかりと表明するために重要な役割を果たしています。

ルーティーンだけで推し活を行っていると、単なる「作業」になってしまう危険性さえあり「自分は何をやっているのだろう……」ともなりかねません。自ら足を運び、推しの「残り香」や「幻影」を感じ取ることで推しとの「見えないつながり」を感じることで、**ファンはその行動が心からのものであることを再確認し、推しに対する感謝の気持ちや深い絆を意識的に感じることができる重要な機会となります。**聖地巡礼は、普段の日常的な推し活を超えて、より深い精神手なつながりを感じさせてくれるのです。

そしてこうした「聖地化」の現象は、観光業や関連商品の販売、イベント開催など、様々な産業に波及効果をもたらしました。地方自治体や観光業界は、「聖地」を観光地として活用し、ファン向けのツアーや特別なイベントを提供することで、経済効果を生み出すケースも増えています。また、グッズ販売やコラボレーション商品など、推しの「聖地」に関連する商品が市場に登場し、大きな利益をもたらしています。さらに、SNSやYouTubeなどのプラットフォームを活用した「聖地巡礼」の情報発信もファン同士の交流を深め、産業全体を盛り上げる一因ともなっているでしょう。

このように、**「推し活」が「聖地化」を通じて文化的な現象となり、経済的な産業へと進化したことで、ファンダムによる強力な経済圏を形成する重要な要素となっていった**のです。

「転・精神文化」した推し活が、日本人の「生きがい」になった

推し活自体に意味を見出し(道化)、型にはまることでより創造力を働かせ(型化)、国内外を駆け巡る(聖地化)。

かつてポジティブに評価されることの少なかったファンカルチャーは、女性の積極的な参加やSNSの普及を背景に「推し活」として一気に広がりを見せました。そして単なる趣味や消費行動にとどまらず、「転・精神文化」的な要素が取り込まれることで、従来の消極的なイメージを覆し、現代的でポジティブな文化として新たにトランスフォームしていったのです。

推し活は、推しを通じて自己表現をする場であり、また同じ価値観を共有するコミュニティとつながる手段として機能しています。ヘビーファンたちは推し活を生活に中心に据え、推し行為を日常的に行うことで、自らの行動に価値や意味を見出し、喜びを増幅させているのです。

この現象は、宗教的な信仰を自認する人が少ない日本社会でアイデンティティや生きる意味を見失いつつある現代人にとって、**最も身近で手軽に飛び込める「心のシェルター」として機能しているとも**いえます。推し活を通じて得られるのは**単なる娯楽の枠を超えた「生きがい」であ**

り、それは多くの人々にとって、日々を前向きに生きるための原動力となっています。

「転・精神文化」を取り入れる意義

宗教のルーツやその思想的な要素を取り入れて「リチュアル化」することで、高い体験価値や効用を創出するアプローチである「転・精神文化」の事例としてサウナ文化や推し活を紹介しました。この「転・精神文化」のアプローチが経済的・文化的に有効である理由は二つあります。

一つは、**各分野の愛好者が自由に探求し、ボトムアップで文化を形成していくこと**。このプロセスにより、ムーブメントは自走的に広がり、長期的に持続可能なカルチャーとして根付いていきます。二つ目は、**単なる宗教の模倣ではなく、宗教が提供する精神的価値を取り入れることで、参加者がその活動に内面的な意義を見出し、深く共鳴できること**。

このような仕組みによって、活動は一過性の流行にとどまらず、企業と顧客との関係も深まり、

ライフタイムバリュー（LTV）の向上につながります。この考え方はサウナや推し活といった特定の活動にとどまらず、様々な分野に応用できます。

例えば、地方の観光業では、自然に囲まれた過疎地域を、人の手に汚されていない場所として「聖地化」する。飲食業界では、食事行為をあえて時間と手間をかけて、食べ方を指定されながら提供される「型化」し、精神的な満足を生む体験にする。捉え方を変えるだけで、そこに精神的価値を付与することができるようになるのです。

個人活動においても、この「転・精神文化」の考え方は応用可能です。

家事の手順を「型化」することで、面倒くさいと考える前に体が動くようにする。料理を作ることを「創造的な道」として楽しむ。お風呂という場所を「聖地化」し、体を清める儀式として捉える……といったように、**日常生活の中での小さな行動を「転・精神文化」することによって、毎日をより意義深く、精神的な充足感を得られる時間に変えることができます。**これらの行動が、単なる習慣や義務としてではなく、自己成長や心の浄化を促す大切な時間として捉えられるようになれば、日常の一つ一つの瞬間が、より深い意味を持つようになるのです。

このように、「転・精神文化」を企業活動や日常に取り入れることで、私たちの生活は単なる物質的な活動を超えて、より深い精神的満足や自己実現を感じることができるようになります。食事、旅行、スポーツ、趣味など、すべての行為が「心を満たす」ための手段となり、私たちをより豊かに、そして幸福を感じさせてくれるものとなるのです。**「転・精神文化」の概念は個人の生活から組織、さらには社会全体の価値観にまで広がる可能性を秘めており、新たな文化的潮流を形成する基盤となるのではないでしょうか。**

「脱・宗教」と「転・精神文化」から得られる新たなヒント

ここまで紹介してきた「脱・宗教」と「転・精神文化」のメソッド、いかがでしたか？　この2つの視点は、私たちの暮らしに新たな価値をもたらし、経済的にも社会的にも大きな可能性を秘めています。

これらのメソッドが目指すのは、**単なる「楽」や「利益」ではなく、私たちがよりよく生きる**

ためのヒントを提供することです。それは、特定の宗教の戒律やしがらみに縛られず、柔軟に新たな価値を見出せる私たち日本人だからこそ生まれたアプローチだといえるでしょう。既存の事象も、SBNR的な視点から再構築してみることで、これまで気づかなかった価値や可能性が生まれるかもしれません。

実は、これらのメソッドは私たちの日常にもすでに息づいています。

ささいなきっかけから、物事の捉え方を変えて、自分なりの探求を始めること。それ自体がSBNR的な生き方の第一歩といえます。**大切なのは、宗教の知恵や美しさから学び、リスペクトを持ちながらも、それに縛られることなく自由に考えること。本質的な価値を見極め、必要な要素を足し引きし、自分たちにとっての最適解を探ること。**

それが実現したとき、私たちは新しいステージへと進むことができるのではないでしょうか。

COLUMN

日本のポップカルチャー人気の秘密は「神秘性」にあった？

日本の精神文化への関心は、ここ最近始まったことではありません。渡辺京二著『逝きし世の面影』（2005年、平凡社ライブラリー）には、江戸時代末期から明治初期に日本を訪れた欧米人の記録が描かれています。そこでは、**物質的には貧しく見えながらも、心豊かに暮らす日本人の姿**が鮮やかに記され、その精神性に驚嘆する様子がうかがえます。一部の欧米の知識人や芸術家にとって、日本の精神文化は非常に魅力的なものだったのです。

時代が進み、第二次世界大戦後になると、消費主義に違和感を抱いた欧米の高感度層が東洋的な精神性に目を向けるようになります。哲学者や思想家の影響を受けて、日本の精神文化、特に禅仏教への関心が高まりました。さらに1980年代には、スティーブ・

ジョブズのような著名人による実践を通じて、禅の思想が再び注目を集めます。

当時、日本国内では高度経済成長の最中で、物質的豊かさを追求することが最優先されていましたが、**海外の人々はむしろ日本の「目に見えない価値」に魅了されていたのです。**

日本の精神文化は長い歴史を通じて、特に欧米の意識の高い人々から繰り返し注目を浴びてきました。しかし最近では、そうした層にとどまらず、多くの外国人が訪日し、日本の精神文化を積極的に体験しています。一体なぜなのでしょうか？

映像産業振興機構が２０１８年に行った調査［＊1］によると、外国人が日本に興味を持ったきっかけとして上位にあがるのは、読者の皆さんの予想の通り、日本のポップカルチャーコンテンツです。

「アニメ・マンガ・ゲーム」を選択した人は、欧州で75％（全項目内で1位）、アジアで56・6％（1位）、北米で23・15％（1位の「日本食」に次ぐ2位）と圧倒的で、日本のポップカルチャーの人気ぶりがうかがえます。近年ではインターネットやストリーミングサービスの普及で世界のどこにいても安価にコンテンツを享受できるようになり、さらに多くの人々がその魅力に引き込まれています。大規模なマーケティング活動をせずとも、現地で話題となり、ファンが増えている作品も少なくありません。

「わからなさ」が奥行きになる、神秘的な日本のコンテンツとSBNR

ここまで世界中の人々が日本のポップカルチャーに夢中になる理由は一体何なのでしょうか。ストーリーが面白いから？　ゲーム性が優れているから？　キャラクターのクオリティが高いから？

もちろんそれらも理由の一部かもしれません。しかしそれだけではディズニーやマーベルといった欧米のビッグコンテンツと比べたとき、日本の作品が持つ独自性を十分に説明できません。私たちは、ＳＢＮＲという観点から見たときに、**日本のヒット作品が持つ**

＊1　クールジャパンの再生産のための外国人意識調査（概要）（平成30年1月　特定非営利活動法人　映像産業振興機構　https://www.kantei.go.jp/jp/singi/titeki2/tyousakai/senryaku_vision/dai3/sankou1.pdf）

「霊性」や「神秘性」もまた、ポップカルチャー人気の大きな要因の一つなのではないかと考えました。

例えば、『ゴールデンカムイ』のアイヌ民族の主人公アシㇼパは、カムイ（神）の視点を通じて自然や生命と対話し、『もののけ姫』ではエボシ御前（人間）とサン（自然）の対立の中に調和の可能性が描かれています。『DEATH NOTE』では、本来悪の象徴である死神が道徳的なジャッジを下さず中立を貫き、『ドラゴンボール』の孫悟空は、山中で育ち、気の修行に励み、キャラクターたちは輪廻転生のサイクルの中に存在します。

こうした物語には、**勧善懲悪の単純な構造を超えた、「わからなさ」や「曖昧さ」が深く根付いています**。そして特に注目すべきなのは、この「わからなさ」が単なる不明瞭さではなく「**深い奥行き**」を持つこと。

日本の物語性では、倫理や善悪が一元的に語られるのではなく、多様な視点や価値観が交錯する場面がしばしば見られます。その曖昧さの中で観客や読者は、**自分自身が物語に積極的に参与し、答えを見つけようとする体験を得ます**。この「何かを完全に説明し尽くす」よりも、「見る者に余白（＝緩衝地帯）を残し、考えさせる」構造は、自分自身の感覚に従って精神性を探求する海外のＳＢＮＲ層と非常に親和性が高いといえます。

今、日本の精神文化に魅了される海外のポップカルチャーファンたちは、日本の作品が提示する、自国の共通認識にはない曖昧さや神秘性に触れながら、どこか自分の深層心理に共鳴する感覚を覚えるのではないでしょうか。

4

シン（心・信）消費をとらえる「SBNRマーケティング」

“宗教を伴わない科学は欠陥であり、
科学を伴わない宗教は盲目である”

アルベルト・アインシュタイン

本章は、博報堂ストラテジックプラニングディレクターの伊藤幹が担当します。

私は、小泉吉宏氏のマンガエッセイ『ブッタとシッタカブッタ』を子どもの頃から、大人になった今でも愛読しており、「心」や「幸せ」について、人より少しだけ考える時間が長かったように思います。そんな背景もあって、現在博報堂でウェルビーイングをテーマにした複数のプロジェクトに携わっています。

ウェルビーイングの概念が日本に入ってきた当初は「ウェルビーイング経営」として組織経営や人材育成の文脈で語られることがほとんどでしたが、近年では商品やサービスなどより広いビジネスシーンで聞くことが増えてきました。

ウェルビーイングはWHOの定義では「身体的・精神的・社会的に満たされた〝いい状態〟」とされ、日本語ではしばしば「幸福」や「健康」と訳されます。定義の内容は理解できるのですが、概念が広範な分、具体的にイメージしにくい方も多いのではないでしょうか。実際仕事をする中でも、**ウェルビーイングとはつまりはどういうことか?**という相談をよく受けます。ウェルビーイングに関しては様々な定義や解釈がありますが、私個人の解釈では、それは「**自分らしくいられること**」なのではないかと思っています。

身体性・精神性・社会性、どれもちろん大事だけれど、人それぞれで大事にしているものは違う。価値観が多様化する中で、**自分だけが信じる、自分の幸せを見つけること。その幸せに囲まれながら、日々を過ごすこと。**それこそが、人生にとってのウェルビーイング＝〝いい状態〟なのではないでしょうか。一人でも多く、自分の幸せを見つけられる人が増えたら、その幸せを増やすきっかけが作れたら、と思いながら仕事に取り組んでいます。

ウェルビーイングをビジネスの文脈で捉えるときに、ＳＢＮＲは非常に有効です。こころ・からだ・しぜん・つながりを大事にするＳＢＮＲは、ウェルビーイングに近い領域の概念でありながら、掴みにくい概念をうまく嚙み砕き、顧客に自分らしさ・幸福をもたらすひとつの道標となってくれます。

ここからは、この大きくも捉えがたいウェルビーイングという潮流を、ＳＢＮＲを補助線にしながら再解釈し、具体的にどのようなマーケティングのアップデートが求められていくのか、事例やアイデアを交えながら論考します。

SBNRのマーケティングへの活用可能性を探る

さて、前章では、宗教を現実世界に応用する方法論として、「**脱・宗教**」と「**転・精神文化**」という2つのアプローチを提示しました。

「**脱・宗教**」のポイントは「**楽行化**」。宗教のなかにある〝苦行〟的な行為の辛い部分を排除し、現代人のライフスタイルに合わせて**快適**／**個人型**／**自発的**／**未来志向**にトランスフォームすることで、宗教の持つ価値を多くの人が享受可能にしていくアプローチです。

そして「**転・精神文化**」のポイントは「**リチュアル化**」。**日常の何気ない行動に特別な儀式性**（**道**／**型**／**聖地**）**を加える**ことで、より深い精神的価値（癒やし／心の安定／探究心／自己発見／自己成長…）を生み出すアプローチです。

本章では、この「**脱・宗教**（**楽行化**）」**と**「**転・精神文化**（**リチュアル化**）」の2つの視点を踏まえつつ、執筆チームのこれまでの多様なマーケティング、ブランディング、事業・商品開発、コミュニケーションの実務経験をもとに、**SBNRがマーケティングの領域でどのように活用される可能性があるのか**を具体的に探っていきます。宗教の持つ多様な価値や機能を現代的な価値観、ニーズ、課題と結びつけることで、商品開発やブランディング、顧客体験の強化に新たな可能性が生まれるはずです。皆さまの取り組まれている仕事や担当事業・担当商品と重ね合わせながら、読み進めていただければと思います。

モノ消費、コト消費、そして、「シン消費」

現代社会はモノが飽和した時代だと言われます。内閣府の「国民生活に関する世論調査」によると「これからは心の豊かさか、物の豊かさか」という質問に対して、**「心の豊かさ」と回答する人の割合は1976年頃に「物の豊かさ」と回答する人を上回り、それ以降も1996年頃まで上昇傾向**にありました。その後約20年間はおよそ2：1の比率で、物の豊かさを求める意識よりも、**心の豊かさを求める意識のほうが2倍近いスコアで一定の率で安定**し続けています。

こうした意識変化を象徴するのが、1999年に登場した日産セレナのコピー、

「モノより思い出。」

でした。物質的な豊かさから、次なる幸福のあり方を模索する国民の意識変化に応じ、企業のマーケティングもシフトを遂げました。「モノ消費（製品）からコト消費（体験）へ」というパラダイムシフトは、多くの場面で語られるようになりました。

では、「コト消費」の象徴的広告コピーから約四半世紀経た現在（2025年）、消費者の意識はどこへ向かっているのでしょうか？

図4-1 「心の豊かさ」を重視する人が増えている

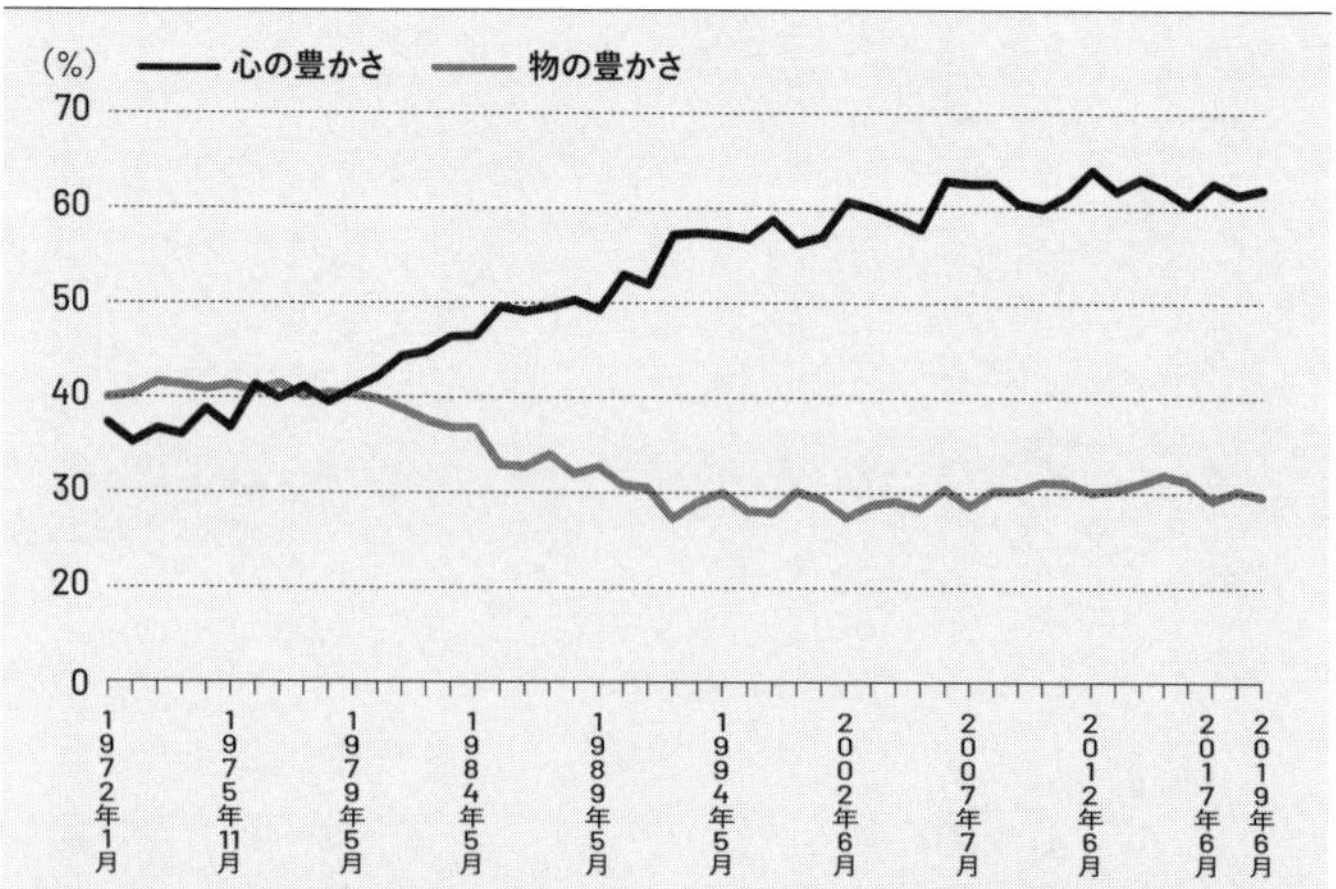

※心の豊かさ→「物質的にある程度豊かになったので、これからは心の豊かさやゆとりのある生活をすることに重きをおきたい」
物の豊かさ→「まだまだ物質的な面で生活を豊かにすることに重きをおきたい」

内閣府「国民生活に関する世論調査」

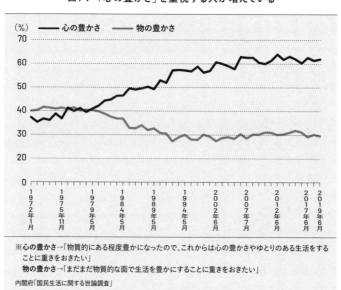

ＳＢＮＲという新しい価値観やライフスタイルを背景に、私たちの消費行動は「コト消費」をさらに進化させた次のステージ、

「シン消費」

（シン＝心／信／神。心の平安・充足・自己成長や、自分の信じられるもののためにお金を使うこと）

へと進化していると考えます。

また、次の行動や体験は、癒やし・リラクゼーションを通じて「心の充足感」を得るだけでなく、**好奇心・探究心の追求、心の安定、自己肯定感の向上、自己発見と自己成長**といった価値まで内包した「シン消費」の一例です。

・サウナで「ととのう」ことで心と身体を癒す
・香りの良い洗剤を使って１日をご機嫌に過ごす
・生活の中に自然を取り入れる
・ヨガを通じて心身を整える

・歴史や自然とのつながりを感じられる場所を訪れ、自分と向き合う

この新しい消費の方向性は、これまで見てきたように、日本の伝統的な文化や慣習と深く結びついており、私たちにとって非常に馴染みやすいものです。

「Nature（しぜん）」の中で目に見えないものとの「Relationship（つながり）」を感じる。「Body（からだ）」への心地よい刺激を通じて「Soul（こころ）」と向き合う。

こうした体験のなかには、新しい消費価値を生み出すためのヒントが、数多く詰まって

図4-2 「モノ消費」「コト消費」から「シン消費」へ

	1960年代〜 モノ消費	1990年代〜 コト消費	2020年代〜 シン消費
時代背景	高度成長期／バブル成長期	失われた20年	VUCA時代
生活者が求めるもの	便利で快適な商品	豊かな体験・時間	心の平安・充足
重視される価値	製品の価値	体験の価値	精神的価値
代表的な消費例	家電・車・衣類	旅行・グルメ・習い事	サウナ・推し活・瞑想

います。

「SBNRマーケティング」とは、企業・地域・社会のなかに確かに存在している**「目に見えない価値」**を活かしながら、「こころ／からだ／しぜん／つながり」を満たす商品やサービスを提供し、新しい価値の創出や持続的な成長を目指す取り組みということができます。

SBNRマーケティングとは、テクノロジーの時代の「人間中心マーケティング」

コトラーは2021年に**「マーケティング5・0」**として、**最新のテクノロジー**（AI、ビッグデータ、IoT）**を駆使して、デジタル時代の顧客ニーズや社会的な課題に対応するためのアプローチ**を提唱しました。この概念のなかで、企業が顧客との関係を築く上で、単にテクノロジーを通じて合理化・効率化を進めるだけでなく、**テクノロジーと人間性を融合させながら人々の幸福を追求することの重要性**を強調しています。このコトラーの論に照らし合わせて位置づけるならば、**「SBNRマーケティング」は、マーケティング5・0の時代において人間性の価値を追**

求していく方法論の一つといえます。

急速な進化を遂げるテクノロジーの活用でマーケティングはより便利に・効率的になっていますが、それだけで新しい価値を生み出し持続的に成長していくことが難しいことは、ほとんどのマーケッターや事業責任者、経営者が共感されることでしょう。

テクノロジーの進化は、あらゆる経済活動・消費活動を「**合理性・生産性・効率性**」というお題目のもとに回収していき、「**人間・文化・環境**」といった非合理で非効率なものをどんどん切り捨てていってしまいがちです。タイパ・コスパを高めていくことはもちろん重要なのですが、それだけでは次の時代の価値を作ってはいけないのです。

生活者の消費行動においても、デジタル化への反動も背景としながら、「人間的価値」を志向する事例が多く見られています。

- **ボタンひとつでその時食べたい料理が自宅に届くのに、わざわざ自分で食料を調達し、誰かのために料理を振る舞う。**
- **いつでもどこでも好きな音楽が聞けるこの時代に、あえて電波の届かない森の中で、鳥のさえ**

ずりや木々の声に耳を傾ける。

・自分には1円も還元されないのに、ある人を応援するために、時には見ず知らずの誰かのために、お金を支援する。

一見不便で非効率的なこのような行動をする人が少なくないのは、そこに心が動く目に見えない価値があるからではないでしょうか。だから人々はそこにお金を使う。そしてその集積が市場になっていく。

データやテクノロジーは今まで目に見えなかった（定量化されなかった）様々なものを「見える化」して生産性を高めてくれる非常に優れたツールですが、それと同時に、それでもまだ**「見えないもの」があることにも自覚的になり、そこから新しい価値を作ったり、付加価値を高めたりしていく**ことも、持続的な成長を実現していくうえでは重要だと考えています。

次節からは、この「シン消費」を捉える「SBNRマーケティング」の実践的な活用例を、**「脱・宗教（楽行化）」と「転・精神文化（リチュアル化）」**という2つのアプローチを補助線にしながら見ていくことにしましょう。

1 観光産業と地域創生

日本にはそれぞれの地域ごとに**特色のある精神文化**（**仏教・神道・修験道・山岳信仰・自然信仰・祭り・祖霊崇拝・武道・芸道……**）が数多く存在しています。その深淵に触れられる文化体験プログラムや、そうした文化と密接に結びついた建築物、自然、食文化、工芸品は、**世界中のSBNR層を魅了する巨大な観光資源**となっています。**京都、奈良、伊勢、吉野、熊野、日光**など、著名な建築物や自然遺産があるスピリチュアルスポットはその典型例でしょう。

そうしたメジャーな歴史的観光スポット以外にも、日本中には本当に多くのお寺や神社がありますが、自分たちの地域にあるそうした精神文化が「**観光資源としてうまく活用しきれていない**」と感じている自治体、旅行事業者の方も多いのではないでしょうか？　そういった課題に対して有効に機能する視点が、「**楽行化**」です。

これは何も宗教や信仰を捨てるとか、宗教の商業化を推奨するものではもちろんなく、**地域の精神文化が持つ効果効用の幅広さをとらえ、旅行者の多様な目的に応えられるようにしていく**ということです。

宗教体験も解釈を変えれば市場が広がる

例えば、熊野古道（和歌山など）、吉野（奈良県）や出羽三山（山形県）の「巡礼体験」は本来修行行為ですが、**「マインドフルネスツーリズム」**として海外の人から人気を博しています。禅も本来は修行でしたが、禅体験を通じて得られる精神的価値を拡張して**「リトリート体験」**として打ち出す宿泊施設も現在は多いです。これらの施設は日常のノイズから逃れたい現代人たちの目的地になっています。

四国のお遍路は先祖供養や懺悔が本来的な目的でしたが、近年は海外の旅行客が**「スピリチュアルなネイチャートレッキング体験」**として楽しむようにもなっています。

こうした宗教の「ある種の観光産業への活用」は、**宗教的伝統の毀損や政教分離**といった観点でかなりセンシティブな領域でもあります。ですが、ここに「SBNR」という概念があることで、単なる宗教の商業利用や宗教の布教活動ではない、**精神的充足という時代の要請に応えつつ、地域の価値も高めていけるような社会的活動として位置づけられ**、観光施策や地域活性化を前進させていくことが期待できるでしょう。

地域には観光資源として活用できる精神文化が溢れている

観光資源となりうる精神文化は、ここまで見てきたような仏教・神道といった**宗教にひもづいたものだけとは限りません**。

例えば、日本全国各地にある「**お祭り**」には、信仰や自然観、コミュニティ意識といった地域特有の精神性が色濃く反映されています。

武家時代（鎌倉、室町、戦国、江戸等）の**歴史**がある地域には、お城などの「目に見える」観光資源が残っている場所も多いですが、それに加えて、その地域で生きてきた侍たちの大切にしてきた「**武士道**」や「**侍道**」という目に見えない精神文化があります。

茶道、華道、武道や能楽、歌舞伎などの「**芸道**」が発展した地域では、その文化とひもづいた特有の美意識や倫理が受け継がれてきました。単に技術を磨くだけでなく、心技体の調和や精神性の向上を目的としたこれらの芸道は、欧米で発達した近代の競技スポーツ文化とは一線を画した文化体系を作っています。

歴史的に商業が盛んだった地域では、近江商人の「三方良し」に代表されるような、「**商人道**」という商いにひもづいた人生観や倫理意識が育まれてきました。

身近なところでも観光価値を生む精神文化がある

これらの**祭り・武士道・芸道・商人道**などは、宗教の教えや信仰を基盤として発展してきた日本独自の精神文化ですが、こうしたわかりやすい例に限らず、もっと**身近なところにも精神文化は息づいています。**

例えば、**里山**は日本中の農村・山村地域に見られる伝統的な日本の景観ですが、こうした景観の背景には**人間の生活圏と自然環境が密接に関わり合いながら形成されてきた地域ごとの独自の文化的・歴史的コンテキスト**が豊富に存在しています。こうした里山をガイドと共に散策する**コミュニティツーリズム**が、いま外国人の間で非常に人気を博しているといいます。

一見すると何の変哲もない山村をただサイクリングでまわる行為が、**目に見えないコンテキストを掘り起こすことで、地域の歴史や共同体、自然との共生の知恵を感じる深い文化体験へと変貌**します。お土産屋で売られている**干し柿**も、**製法に込められた知恵や文化、歴史的背景を伝えることで、特別な価値を持つ商品へと変えることができます。**

日本に訪れた外国人の目には、**ビルと寺社が同居した都市部の風景**や、何の変哲もない**道路沿いにお地蔵様が並んでいる景色**も、日常の中にスピリチュアルな世界が溶け込んだ摩訶不思議な国として映ることもあるようです。

このように、**私たち日本人にとって日常的で当たり前と感じるものの中にも、ＳＢＮＲ的な文化資源は豊富に眠っています。**地域の目に見えない文化や歴史、コンテキストを掘り起こし、世界の旅行者たちがそこにつながることで得られる精神的な価値が、観光体験の経済価値を大きく高め、地域経済の活性化につなげていけると考えています。

世界のツーリズムの新潮流と日本の可能性

このようなＳＢＮＲ的視点から地域価値を掘り起こすアプローチによって、**旅行先の分散や多様化**も期待で

© Getty Images

きます。**オーバーツーリズム対策**としてもこうした精神的価値を打ち出す観光の重要性は今後さらに高まるでしょう。

「日本の地方を世界の目的地に変える」をミッションに掲げるインバウンド専門旅行会社wondertrunk & Co.の岡本岳大CEOによれば、コロナ禍以降、世界のツーリズムでは**「コミュニティ」「ヒューマニティ」「サステナビリティ」**という3つのトレンドが加速しているといいます。観光名所を巡るだけでなく、その土地の文化やコミュニティを深く学ぶ旅行や、非日常の中で人間性を取り戻す体験、環境に配慮したサステナブルな旅行への関心が高まっています。これは、多様な精神文化が根付く日本にとって大きな追い風といえるでしょう。

SBNRの4つの視点で地域資源を捉え直す

1章で、SBNRなライフスタイルを「Soul（こころ）」「Body（からだ）」「Nature（しぜん）」「Relationship（つながり）」という4つの要素から捉え直す視点を提示しました。このフレームは、生活者の体験価値の視点から地域資源を棚卸し、地域の魅力を包括的に捉えていくうえでも有効

図4-3　SBNRフレームを用いた地域資源の整理

1 Soul こころ　精神的な充足や内省を促す場所や体験

スポット・体験	具体例
• 座禅や瞑想体験ができる場所	• 禅寺、瞑想リトリート施設
• 静寂の空間を提供するスポット	• 寺社の庭園、山や渓谷
• 直感を刺激するアート体験	• 美術館、地域のアートプロジェクト
• 思想に耽る哲学的な散策路	• 京都・哲学の道、遊歩道
• 文学や歴史を感じる場所	• 書籍の舞台地、偉人ゆかりの地
• 歴史あるスピリチュアルスポット	• 出雲大社、熊野古道など

2 Body からだ　身体を動かし、整えることで心身の健康をサポートする資源

スポット・体験	具体例
• 温泉やリラクゼーション施設	• 各地域の温泉、スパ施設や旅館
• 健康を意識したアクティビティ	• ヨガリトリート、ピラティス、トレーニング
• スポーツやアウトドア活動	• 登山、サイクリング、SUP
• フィットネスイベント	• マラソン大会、朝ヨガ体験
• 地域のヘルシーフード	• 地産地消レストラン、発酵食品

3 Nature しぜん　地域が誇る自然景観や癒やしの力を活用した資源

スポット・体験	具体例
• 絶景スポット	• 山や湖、砂丘、洞窟
• 季節の自然体験	• 桜の名所、紅葉狩り、雪まつり
• アウトドアアクティビティ	• トレッキング、スキー、森林浴
• 農業・里山体験	• 稲刈り体験、農村ステイ
• 動物とのふれあい	• サファリ体験、ダイビングやシュノーケル
• 星空観察	• 星空ツアー、ナイトハイキング

4 Relationship つながり　地域の歴史や文化、伝統行事、また人と人とのつながりを育む資源

スポット・体験	具体例
• 歴史あるお祭り	• ねぶた祭り、祇園祭
• 地域の伝統行事	• なまはげ、エイサー
• 地元の人々との交流	• 四国お遍路の「お接待」、民泊
• 伝統文化体験	• 陶芸、染め物、和紙づくり
• 食文化を通じた交流	• 特産品の収穫体験、酒造巡り
• 地域の語り部による歴史解説	• 広島平和記念公園での語り部ツアー
• 町おこしイベント	• フードフェス、地元アーティストによるライブ

です。Soul（こころ）は、精神的な充足や内省を促す場所や体験。Body（からだ）は身体を動かし、整えることで心身の健康をサポートする資源。Nature（しぜん）は、地域が誇る自然景観や癒しの力を活用した資源。そしてRelationship（つながり）は地域の歴史や文化、伝統行事、また人と人とのつながりを育む資源。日本には国内外から人気の観光スポットや体験が無数にありますが、特にSBNR的精神価値を魅力としている例を、S／B／N／Rの4要素で整理してみましょう（**図4－3**）。

地域ブランディングにおいて、まずはこのようなフレームを用いた地域資源の整理から始めることで、それぞれの要素に基づいた新たな魅力の発見や価値創出が可能になります。4つの要素を組み合わせた商品開発やツーリズムの提案を行うことで、地域の特徴を最大限に活かし、SBNR層の多様なニーズに応えることができるでしょう。

2　施設・空間・体験

地域の精神文化の観光産業への活用方法を、施設・空間・体験型ビジネス開発という領域からより具体的に考えてみます。

伝統的な宗教や文化の魅力を**どう現代的に再構築するかは非常に重要な課題**です。ここでも**「楽行化」**という考え方をベースにしたアプローチを考えてみましょう。修行や伝統文化と聞くと抱きがちな「堅苦しさ」や「厳しさ」といったイメージを払拭し、**現代人にとって心地よく、自発的に取り組める形にリデザインする**ことを指します。

「楽行化」の4手法：

1. **快適化：**無理なく始められる環境を整える。初心者でも楽しめる工夫を。
2. **個人化：**自分のペースで体験できるスタイルを提供。団体よりも個人を尊重する設計。
3. **自発化：**参加者が「やりたい」と思った時に気軽に始められる形式。予約制やオンデマンド対応など。
4. **未来化：**現代的なアプローチで、宗教的・文化的価値を新しい形で伝える。デジタル技術の活用やサステナビリティとの結びつきも可能。

ライトな入口で親しみやすさを

例えば、瞑想や禅の体験であれば、従来の「厳しい指導」「特定の作法を守らなければならない」というスタイルではなく、参加者が自由に感じられるような形式を提供します。以下にいくつか具体例を示しました。

・マインドフルネス体験

都市型リトリート施設での、禅の要素を取り入れた短時間のマインドフルネスセッション。心を整えるために、座禅の姿勢や呼吸法を簡単に学ぶ機会を提供。

・カジュアルな伝統文化の導入

茶道体験では正座不要の椅子席を用意。煎茶や抹茶の簡単な飲み方を教えるセッションから始める。

・アウトドアでの宗教文化体験

修験道の一部を軽いハイキングとして再構成し、自然の中で気軽に精神文化に触れる機会を提供。

大切にするべき伝統や文化的規範は守りながらも、**「最初の一歩はこれでも大丈夫ですよ」**と、初心者でも楽しめる「ライトな入口」を作ってあげること、伝統文化や宗教的な価値観がより広く浸透したり、それが持つ普遍的価値を幅広い人に届けたりすることが可能になります。

奥深い体験への道筋も用意する

一方で、宗教や伝統文化には**何百年、何千年という長い時間をかけて形成された深遠な価値**が含まれています。それを単なる観光商品として「入口」を味わうだけで終わってしまうのは非常にもったいない。「楽行化」を通じて、幅広い層に対して門戸は開きつつも、深みを求める人々には、その文化の本質に触れる機会を提供することで、体験の多層化を図っていくことも必要でしょう。これも以下に3つ具体例を挙げます。

・**初心者向け↓中級者向け**（ステップアップ式プログラム）
瞑想初心者向けの30分セッションの後、中級者向けには3日間のリトリートを提案する。さらに、希望者には禅寺での本格的な座禅修行を紹介。
・**地元文化の深掘りプログラム**（オプションセミナー）
一般的なお祭りの見学ツアーの後、希望者には地元住民との対話や、祭りに込められた精神文化を学ぶセミナーを案内。
・**連続的な関与を促す仕組み**
定期的なフォローアップセッションや、地域の文化に継続的に関わるための会員プログラムを用意する。

精神文化体験は「自然」とかけあわせることでより深い体験になる

より深い精神的充足を提供するうえでは、「**自然**」の要素をかけあわせることも有効でしょう。
兵庫県にある「**禅坊　靖寧**」は、自然の中で禅体験を提供する「**ZENリトリート**」施設です。

坂茂氏デザインのこの施設でなによりも目を引くのは、森林に囲まれた環境での瞑想体験スペースでしょう。伝統的宗教体験に、現代人の感性で自然の要素を大胆に取り入れることで、より深い内省や癒やし、心の安定を提供することにつながっています。

ＳＢＮＲ（Soul, Body, Nature, Relationship）の中でも特に**Nature（しぜん）は、ウェルビーイングの定義にはない**特徴的な要素です。自然と人間の共生という価値観は、日本が世界に誇る精神文化の一つであり、体験設計の上では積極的に取り込んでいくとよいでしょう。

自然と人間の融合が生む価値

自然の持つ力について、私が印象深いのは、富山県の

禅坊 靖寧

© パソナグループ

砺波市でアートホテル「**楽土庵**」をプロデュースする林口砂里さんに富山で取材させていただいたときのエピソードです。東京でアートの仕事をしていた林口さんは、地元富山に帰郷したときに夕日が沈む散居村の風景を見て、「**一番美しいのは、人間だけが作ったものでもなく、自然だけが作ったものでもなく、その両者が融合して生み出されたものだと気付かされた**」と語ってくれました。

彼女はこの気づきののち、東京でのアートの仕事をやめ、高岡市に移り、アートホテルのプロデュースや神社仏閣の観光資源としての再生を目指すプロジェクトなどを手掛けていくことになります。

自然の持つ「Awe体験」の効果

壮大な自然に包まれて圧倒されるような体験は「**Awe**（**オウ**）**体験**」と呼ばれます。例えば、**深い森の中や大草原、大海原、満天の星など**を目の当たりにする瞬間に訪れると言われていま

す。脳科学者の岩崎一郎氏によると、Awe体験には脳の活性化や創造性の向上の他、

- **感謝の気持ち**
- **謙虚な気持ち**
- **利他的な思考**

が強まるといいます。

また、東京大学大学院農学生命科学研究科の曽我昌史氏らの研究チームによると、ガーデニング等を通して植物と直接触れ合うことで、うつ症状やストレスレベルの低下、生活の質の向上など、心身の健康の促進傾向が見られたそうです。せわしない日々やテクノロジーに囲まれた生活では、Awe体験のような自然がもたらす感動や心のゆとりが不足しがちです。これが現代人の心身に**ストレスや孤独感**を増幅させている要因の一つとも言えるでしょう。

Awe体験を通じて、人は自分が自然の一部であることを実感し、**心と体のバランスを取り戻し**たり、他者や環境への意識が高まることで、**コミュニティや社会への関与が深まったりする**な

ど、自然に触れることを通じて期待できる効果は多種多様です。

テクノロジーは精神文化体験を「楽行化」する

ここまで、旅・施設などリアル／フィジカルな体験を中心に語ってきましたが、**デジタルでの展開可能性**についても、簡単に触れておきましょう。

宗教的行為とデジタルテクノロジーは、必ずしも相反するものではありません。SBNRは「楽行化」=**快適性／個人性／自発性／未来性**を志向するライフスタイルでした。これは**デジタルテクノロジーとも非常に親和性が高い**のです。テクノロジーを活用することで、宗教的行為や精神的なケアを**より手軽で親しみやすいものにする**可能性が広がります。

ジャーナリングアプリ「muute」：デジタル化で進化する「書く瞑想」

「ジャーナリング」とは、日記を通じて自身の感情や考えを整理し、内省する行為を指します。この「書く瞑想」をスマホ上で実現したのが、ＡＩ技術を活用したジャーナリングアプリ「muute」です。２０２０年12月のリリース以来、１４０万ダウンロードを記録（２０２４年現在）し、特に10代から30代の若者を中心に支持を集めています。

muuteのようなアプリが示しているのは、宗教行為や精神文化に根ざした行動を**デジタルツールを使って「楽行化」**できる可能性です。かつては特定の場所や時間、儀式が必要だった行為が、スマートフォンやＡＩの力を借りることで、日常の中で手軽に実践できるものになりつつあります。

例えば、忙しい合間にスマホで数分間ジャーナリングを行い、その日の心の動きに意識を向ける。こうした行為は、時間に追われる現代人にとって、心を落ち着ける貴重なひとときとなります。このようなデジタルツールは、宗教性を持たない現代の生活スタイルに適応した形で、精神的な充足を提供する新たな方法として注目されています。

デジタル技術が進化する中で、こうしたサービスがさらに多様化し、個々の精神的なニーズに合わせた「**パーソナライズド禅**」や「**デジタル内省ツール**」が生まれる可能性もあります。宗教や精神文化の本質をデジタルの力で再構築し、新しい価値を提供する取り組みは、SBNR時代のデジタルサービスとして一層の発展が期待されます。

3―ライフスタイルに関わる消費全般

SBNRの視点は、旅行やレジャーなどの〝非日常〟体験におけるマーケティングだけでなく、日常生活に関わる商品やサービス、具体的には、**食品・自動車・家電・ファッション・ヘルスケア・趣味・学び**といった「**ライフスタイルに関わる消費全般**」にも広く活用できます。

このときのアプローチが「**転・精神文化**」。宗教的な要素のないもの（Not ReligiousでNot Spiritualなもの）に、宗教や精神文化がもつ「考え方・行動様式・体験形態」のエッセンスを取り入れることで、「**現代人の新たな精神文化**」**に転換**していくことです。

そして、その方法論が「**リチュアル化**」です。リチュアル化とは、一言で言うなら「**日常を特別なものに変える**」ということです。普段何気なく行っている行動の背景にある「目に見えない価値」を掘り起こし、より豊かな使い方、楽しみ方を提案していく。それによって生活者の「シン消費」というニーズを捉え、ビジネスの成長につなげていきます。

3章では、日本におけるサウナカルチャーや推し活文化の浸透を参照しながら、この「リチュアル化」を

1. 道化：その行いを極めながら、自己を探求すること。
2. 型化：既存の行動に新たな形式やルールを取り入れ、あえてその型にはまること。
3. 聖地化：特定の場所や空間に、精神的価値を付与すること。

という3つのキーワードで整理しました。これを様々な産業や商品カテゴリで適用していくことで、マーケティングの可能性を大きく広げることができます。リチュアル化が具体的にどのような産業や商品で活用できるか考察していきましょう。

「道化」は、そのジャンルを楽しむ「文化的な奥行き」を作るアプローチ

「道化」は、**商品やサービスの楽しみ方に多様性と深みを加え、個人の探究心や自由な発想を刺激する**アプローチです。正解やルールを押し付けるのではなく、好きな形で深められる環境を提供することで、そのジャンル自体の文化的な奥行きを広げます。例えば、ワインやコーヒーでは、初心者向けから専門家向けまで幅広い楽しみ方を提案し、探究のプロセス自体を魅力的に演出します。これにより、消費行動が個々人のアイデンティティや自己表現に直結する体験になります。

「型化」は、消費行動のなかに特別なストーリーや哲学・美意識を作るアプローチ

「型化」は、**商品やサービスの利用プロセスに独自のルールや哲学を持たせ、特別な体験を提供する**アプローチです。茶道や華道のように、美意識や意味づけを消費行動に付加することで、行動自体が儀式性を帯び、特別感を生み出します。例えば、コーヒーのドリップ手順や料理の盛り

付けに独自の方法を取り入れることで、日常の行為を特別な時間として演出します。これにより、単なる消費を超えた豊かな体験を顧客に提供することが可能です。

「聖地化」は、特別な意味を持った場を作り、物語性を強化するアプローチ

「聖地化」は、特定の場所や空間に特別な意味や物語を付加することで、その場自体を目的地としつつ、ジャンルや商品の価値を高めるアプローチです。例えば、ブランドのフラッグシップストアや映画・アニメのロケ地へ訪れること自体を特別な体験にします。また、その場所が存在することで、商品の背景やジャンル全体の物語性が強調され、価値が一層引き立てられます。こうした場は、顧客の共感やつながりを深め、ブランドやジャンルへの長期的な愛着を生み出します。

「リチュアル化」によるマーケティングの実践例：7つの「道」の提案

以上の道化／型化／聖地化というメソッドをふまえ、以下の7つの分野での活用方法を具体的に探っていきましょう。

1　お酒：茶道から学ぶ「文化を愉しむ酒道」

茶道の「一期一会」や「和敬清寂《わけいせいじゃく》」（茶道の心得のひとつで、主人と客人が互いの心を和らげて謹み敬い、茶室の品や雰囲気を清浄にする意）の精神は、ワインやウイスキーを楽しむ時間にも応用可能です。飲み方に正解を求めず、自由な探求を促しながらも、香りや味わい、産地の物語といった奥深さを提供することで、生活者の好奇心を刺激します。さらに、産地や蒸留所を特別な体験の場として「聖地化」し、訪れる人々がその文化に没入できる環境を作ることが重要です。企業は、生産者とのつながりをテーマにしたワークショップや、ペアリングイベントを通じて、飲み手の体験を豊かにする機会を提供できます。

2　フィットネス：武道から学ぶ「自己成長道場」

武道が心身の鍛錬を重視するように、筋トレやフィットネスも単なる身体強化ではなく、自己成長の「道」として捉えることができます。呼吸法や動きの「型」を意識したトレーニングを提案し、ジムを現代の「道場」として位置づけることで、利用者の目標を精神的な領域まで広げることが可能です。企業は、個別プログラムやオンラインコミュニティを提供し、トレーニングを単なる運動以上の体験に昇華させることができます。

3―キャンプ：華道から学ぶ「自然との対話」

華道の空間の美や「自然との対話」を重視する精神は、キャンプにも応用できます。テントの配置や焚火の美しさを追求し、キャンプ場全体を一つの作品と見立てることで、参加者が自然の中で創造的な体験を楽しめるようになります。その際、初心者向けのガイドから上級者向けのカスタマイズプランまで、多様な選択肢を提供することで、生活者が自分なりのキャンプスタイルを見つけられるよう支援することができます。

4―掃除：仏教の修行から学ぶ「心を洗う行為」

禅寺での掃除が精神修養のための修行として重視されるように、掃除は単なる作業ではなく自己充足や修養のための行為として位置づけることができます。掃除用品・洗剤メーカーなどは、高品質な製品とともに**「掃除道」の美学や手順を提案**し、掃除の時間そのものを、風呂やキッチンだけでなく心までキレイにできる、楽しめる文化として育むことができるかもしれません。また、掃除に関する動画やワークショップを通じて、その価値を消費者に伝えることで、掃除を特別な体験へと変えていけるでしょう。

5 ― 食：精進料理から学ぶ「心身を整える食」

精進料理が五感を活かした感謝や自然との調和を大切にするように、食事を「心身を整える時間」として提案することができます。生活者にとって、食材の選び方や調理法に意味を見出せる体験を提供し、食事そのものを特別な儀式にすることがポイントです。季節ごとの食材をテーマにしたレシピやイベントを提供したり、産地ツアーなどを通して食文化に込められた物語を共有することで、商品に新たな価値を付加できます。

6 ― 住まい：茶室から学ぶ「住まいの美学」

茶室の簡素で静謐な美学は、現代の住空間のデザインにインスピレーションを与えます。住まいを整えることが心の平穏につながるという考え方を広めることで、インテリアの選び方や空間作りに深みを持たせられます。家具メーカーやハウスメーカーは、建築家や空間デザイナーの知恵と技術を詰め込んだモデルハウスに来場してもらうことで、日々を過ごす住空間に、快適性を超えた〝美〟が存在する素晴らしさを体感してもらえるかもしれません。

7―語学学習：書道から学ぶ「言葉を磨く型」

書道が筆の運びや文字の形を通じて、言葉の成り立ちやその歴史背景などを学ぶとともに、美意識を育む機会にもなるように、語学学習にも「美しい表現」を追求するアプローチを取り入れるのはどうでしょう。日常会話や作文の中に「美しい言葉の型」を取り入れ、その背景にある精神性を学ぶことで、言葉を磨く面白さを提供し、学習者の体験を充実させることができます。語学スクールや教材開発企業は、文化背景を学ぶ教材や、会話を楽しめる交流イベントを通じて、言葉を学ぶ喜びを広げていけるでしょう。

これらはあくまでも実践例のごく一部で、リチュアル化の手法は様々な産業・商品・サービスに応用可能です。その本質は、商品そのもののスペック・属性やそれを使っている瞬間の価値だけでなく、**「どんな前後の文脈・意味性の中に位置づけ、日常の中でどう使っていくか」（＝道）という点から価値を設計し提案**していくことです。このメソッドを活用することで、商品の魅力や価値を高め、生活者のなにげない日常を特別な意味を持った豊かな時間に変えていく存在へと進化させていくことができるのではないでしょうか。

SBNRには、人と世界を「つなげる力」がある

データとテクノロジーによって「見える化」が加速する時代において、ＳＢＮＲは、**生**

図4-4 「目に見えない価値」が特別な顧客体験をもたらす

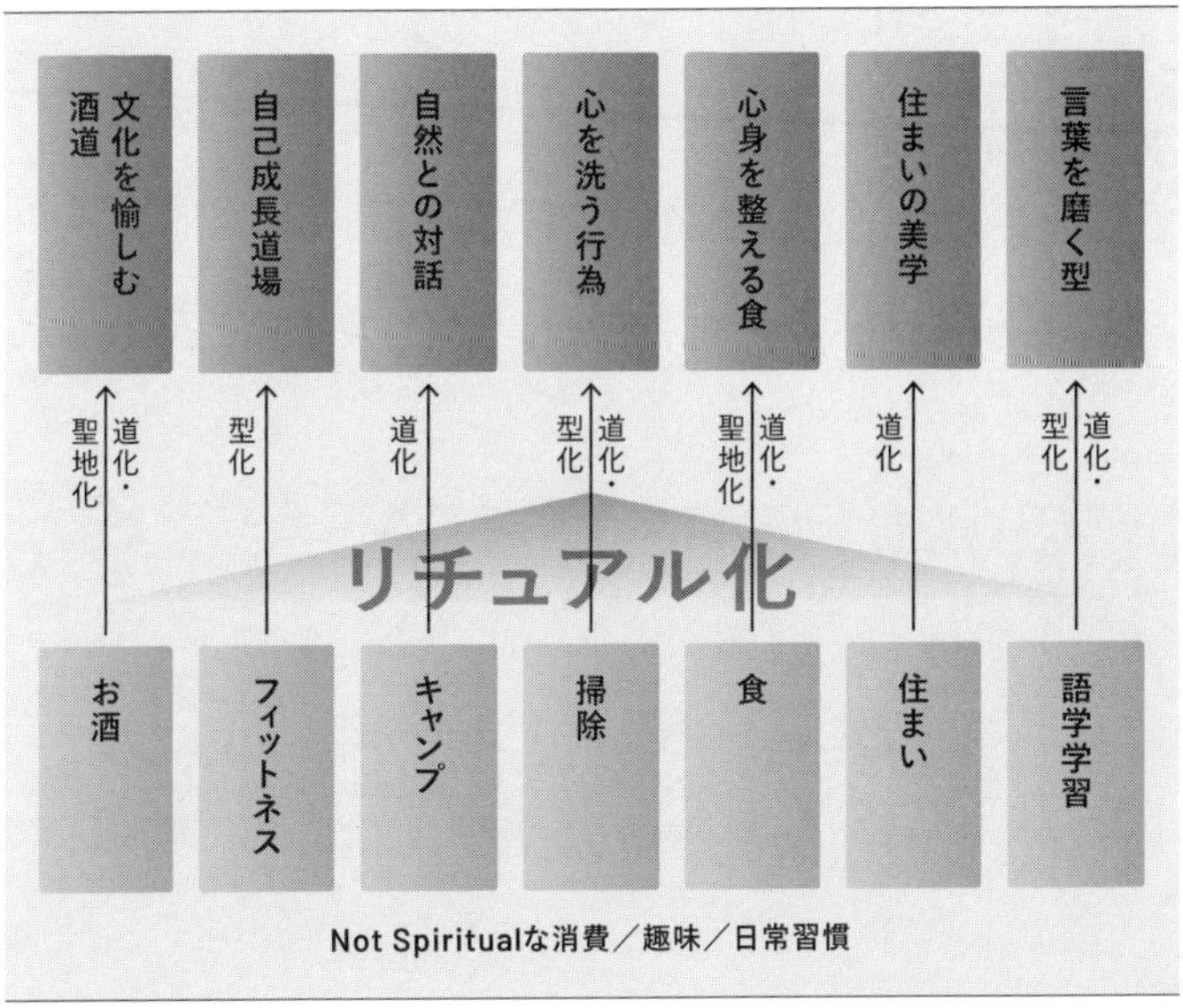

活者の心の奥深くに潜む「見えない価値」に光を当てる力を持っています。これまでのマーケティングが「モノ」や「コト」に焦点を当ててきたとすれば、SBNRが示すのは、**「つながり」や「本質」といった人間の深層にある欲求**です。この視点が、消費を再定義し、新しい市場を築き始めています。

SBNRの視点を取り入れることで、**マーケティングは単なる売り手と買い手をつなぐツールを超えて、「つなげる力」として再定義**されます。それは、消費者と商品だけでなく、**人と自然、人と人、自分自身と世界のつながりを深める営み**です。例えば、地域の自然資源を活かした体験型商品を提案することは、その地域のストーリーを伝え、消費者が新たなつながりを見出す機会を提供します。

未来のマーケティングの風景には、利益だけでは計れない豊かさがあると私たちは考えています。それは、単なる物質的価値ではなく、人々の心や生き方に寄り添い、内面的な充足を提供するものです。湯けむりの奥で一人静かに佇む時間、都会を離れて自然の中で深呼吸するひととき、あるいは焚火の明かりの中での人々との語らい。これらのすべてが、「見えない価値」を共有するSBNRのマーケティングによって実現される風景です。

「あなたのマーケティングは、誰の心に触れていますか？」

SBNRマーケティングを実践する第一歩は、この問いを自らに投げかけることです。見えない価値に目を向け、消費者と真に共鳴するマーケティングこそが、これからの時代に求められる姿です。私たちは「モノ消費」や「コト消費」を超えた「シン消費」の時代に向けて、心の豊かさを届けるマーケティングを創り上げる旅の途上にいるのです。

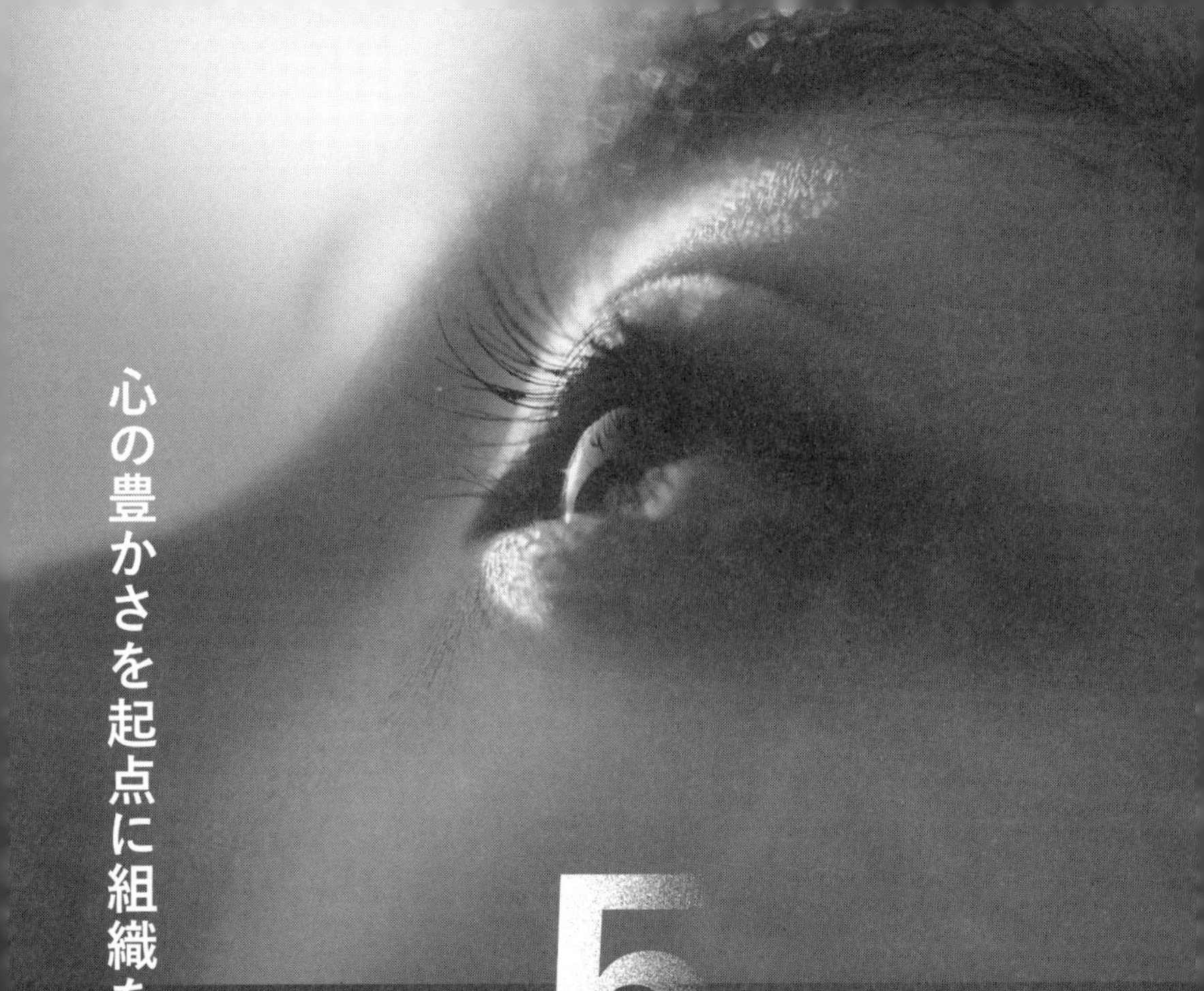

5 心の豊かさを起点に組織を考える「SBNR経営」

“各人の価値は彼が熱心に
追い求めてきたものの価値にちょうど等しい。”

マルクス・アウレリウス『自省録』

本章は、長年博報堂のストラテジックプラナーとして仕事に取り組み、最近では人材育成や能力開発の仕事を担当しながら、山伏修行を続けている坪井克諭が担当します。

「山伏」との出会いは、２０２１年に研修で訪れた羽黒山（山形県鶴岡市）での山伏体験でした。その時の体験は、今でも鮮明に記憶に焼き付いています。山に吸い込まれていく法螺貝の音色。樹齢三百年をこえる杉の大木に囲まれる心地よさ。数多くの先人たちも踏みしめた２４４６段の石段。祈りを通じて自分と向きあい、世界ともつながっていくような感覚。そんな不思議な山伏の魅力に取り憑かれ、年に数回出羽三山に足を運んでいます。

山で修行をしていると、雨が上がったあとの美しい虹に元気をもらえたり、へとへとになった後に心地よい風が吹いてきて清々しい気持ちになったりします。自分の心は自分が考えているよりも、ほんのちょっとしたことで変化するし、周りの自然とのつながりの中で変わってくるものだと体感できます。何百年も前の山伏の石碑の前で法螺貝の稽古をすると、先人たちのパワーをもらって、自分たちの法螺貝の響きがより美しくなった気もします。私は人材育成や能力開発の仕事の中に、このようなささやかな心の移ろいや身体感覚といったものを取り込んでいきたいと考えています。

「山伏」と「人材／組織開発」、一見関係なさそうな2つのテーマですが、実はしっかりと結びついています。山伏の修行の参加者の中には経営者も多くいるのです。彼らが何を求めて山伏修行に参加しているのか、この章を最後まで読んでいただければわかると思います。

本章では、心の豊かさや精神的価値を求める**SBNRの潮流が、組織や人材育成の現場にも押し寄せている現状を分析**します。その上で、その動きがこれからの私たちの働き方や組織の経営にどのような変化をもたらしていくのかを考察していきます。

「目に見えない価値」が人材／組織にもたらすもの

最近では、人材を「資源（リソース）」としてではなく、「資本」として捉え、その価値を最大限に引き出すことで、中長期的な企業価値向上につなげる経営として「人的資本経営」が注目されています。従業員が会社に対して抱く愛着や貢献意欲、信頼度などを表す「従業員エンゲージメント」を向上させようという動きも活発です。こうした言葉が注目を集める背景には、労働人口の減少や人材の流動化、さらには個人の価値観や働き方の多様化などの動きがあります。**いったいどうすれば、従業員の心を職場に惹きつけ続けることができるのでしょうか？**

私たちの着眼点は「心の豊かさ」です。つまり**「心の豊かさ」が感じられる職場を作る**。それは**「見えない価値」を経営に取り込んでいくこと**だと私たちは考えています。

歴史的に見れば、伝統的に「心の豊かさ」の領域を担ってきたのは宗教でした。そして、経営と宗教の間では類似性が言及されることがあります。例えば、創業者のカリスマ性を〝教祖的〟と称したり、ブランドブックを〝バイブル〟と呼んだり、サービスやブランドを世に広めてくれる人たちを〝エバンジェリスト（伝道師）〟と呼ぶなど、経営やマーケティングに使う用語に宗教的なニュアンスを持ち込むのは、その証左でしょう。

ただし、類似性と応用可能性はまた別の話です。経営と宗教の中に似ている要素があるからといっても、その原理がそのまま使えるとは限りません。

特に日本においては無宗教層が主流であるため、宗教の考え方をそのまま経営に持ってきても接続しにくいのです。ここで、2章で紹介した「精神的緩衝地帯」という考え方が出てきます。

私たちの仮説は、宗教の原理をそのまま経営やビジネスに接続するのではなく、**SBNRという「精神的緩衝地帯」を捉えることで、社員の「心の豊かさ」により適切に迫れるのではないか**というものです。

ここから先は具体的な企業の取り組みを分析していきますが、前提として、企業経営はそもそも非宗教的行為なので、ここではSBNRの2つのアプローチのうち、**「転・精神文化」**を用いていきます。

つまり、組織や人材育成の現場に、宗教や精神文化がもつ「考え方・行動様式・体験形態」のエッセンスを取り入れることで、「社員や企業の新たな精神文化」へと転換し、「心の豊かさ」が感じられる職場を作るというアプローチになります。

「転・精神文化」のポイントは「リチュアル化」で、**「道化」「型化」「聖地化」の3つの手法**があると3章で説明しました。企業の人材/組織領域における事例にも、この3つを実践していると見立てられるものが多くあり、それぞれご紹介していきます。

また、1章ではSBNR層は「こころ・からだ・しぜん・つながり」を融合したライフスタイルを好むと説明しましたが、以降の事例では、それがワークスタイルにも拡張し、社員の「心の豊かさ」を高めている様子も見て取れると思います。

1 「道化」に関連する事例分析

ここからは「転・精神文化」(リチュアル化)の手法のうち、**「道化」**に関連する事例(NTT、JTグループ、パーソルキャリア)を紹介します。

共通するキーワードは「問い」です。それぞれの企業は問いを通じて、いったい何にせまろうとしているのでしょうか?

1　NTT「京都哲学研究所」：哲学者と経営者とのコラボレーション

最近のビジネストレンドとして、「エシカル消費」や「エシカル経営」「倫理資本主義」など、「倫理」や「エシカル」というキーワードが注目されています。国連が掲げる「持続可能な開発目標（SDGs）」や、産業界で広がるESG経営（環境・社会・企業統治）とも親和性があり、その背景には、行き過ぎた資本主義や利益追求主義への反動といった側面もあるでしょう。

改めてこの「倫理」について考えてみると、倫理は哲学の一分野であり、倫理学は人のあり方を理論的に探る学問です。具体的には、道徳心や善悪、人間としての規範や原理について学ぶのが倫理学です。

哲学とSBNRは直接つながるわけではありませんが、こころや倫理というテーマでは、哲学とSBNRは接点を持ちます。倫理への注目の高まりに合わせて、**企業と哲学者との連携の動き**も出てきています。

２０２４年10月、『日経ビジネス』が特集「『禅と哲学』ＮＴＴはなぜ研究所を立ち上げたのか」を組みました。２０２３年7月にＮＴＴが一般社団法人**「京都哲学研究所」**を立ち上げ、ＮＴＴの澤田純会長と京都大学大学院教授で哲学者の出口康夫氏が共同代表理事を務めていることが紹介されています。

京都哲学研究所のウェブサイトには「科学技術の進展と経済的繁栄が、必ずしも人々のウェルビーイングや世界の平和に直結しないことが明らかとなった今日、改めて**『本当の幸せとは何か』、『目指すべき価値とは何か』が問われているの**である。」とあります。

また、財務会計や経営企画などの支援を手掛ける会社が、大阪大学の哲学研究者を**「企業内哲学者」**として3年半雇用していたケースが紹介されています。「自らに問いを立てて変化することは相当難しいが、**哲学者からの問いによって気づきを得る機会が増えた**」という社長のコメントも紹介されています。

そして、ドイツの気鋭哲学者として注目されるマルクス・ガブリエル氏は、最新の著書『倫理資本主義の時代』（２０２４年、早川書房）の中で、すべての企業に**「最高哲学責任者（ＣＰＯ）」が率いる倫理部門の設置**を義務付けるべき、という提案をしています。同氏は、「京都哲学研究所」

のシニア・グローバル・アドバイザーにも就任しています。

2　JTグループパーパス「心の豊かさを、もっと。」

最近のトレンドである「**パーパス経営**」も、この「倫理／エシカル」に注目が集まる時流と密接に関連しています。

「**パーパス**」**とは、企業の社会的存在意義**であり、企業は何のために存在するのか、社会においてどのような責任を果たすのかを、わかりやすく規定したものです。言い換えれば、企業としての哲学的／倫理的なスタンスを表明したものとも捉えることができます。

例えば、JTグループが2023年に新たに設定した「心の豊かさを、もっと。」というグループパーパスがあります。パーパスのステートメントの最後には、「JTグループは、提供してきた心の豊かさを、次のステージへ。より多くのお客様やパートナーと、様々な事業や取り組みを通じて、社会に心の豊かさを育んでいきます。『今日もよい一日だった』と感じられる心豊かな社会のために、私たちができることのすべてを。」とあります。

JTグループのグループパーパス「心の豊かさを、もっと。」では、〝WHY＝目的〟のみが提示されており、〝HOW＝手段〟については、それぞれの社員にゆだねる姿勢が見てとれます。このようなパーパスには、**自分はどう思うか、自分はどうしたいのか、という問いかけ**を通じて、社員一人ひとりの価値観や「こころ」に目を向けさせ、内発的な動機から会社や社会との「つながり」を捉え直す効果があります。

3　パーソルキャリア「〝はたらく〟を考えるワークショップ」

パーソルキャリアでは、全国の小・中学校にパーソルキャリアの社員を講師として無償で派遣し、「はたらく」ことについて考えるワークショップを提供しています。2023年度の実施校数・受講者数は144校17238名で、参加社員数は150名に及んでいます。「はたらいて、笑おう。」というパーソルグループのビジョンや、「人々に『はたらく』を自分のものにする力を」というパーソルキャリアのミッションに強く結びつくものとして、パーソルグループ全体での「MISSION VALUE Award」で最優秀賞を受賞しています。

このワークショップの狙いは、その名の通り、子どもたちが「はたらく」ことに目を向けるきっかけづくりですが、面白いのはそのスタンスです。大人が子どもに「正解」を与える授業ではなく、**「どう生きていきたいのか」「なぜはたらきたいのか」というキャリアの土台になる問いについて、子どもたちと一緒に考え、問い直し、学び合うというスタンス**を取っています。そのため、講師として参加する社員は、子どもたちからの質問に答えることで、「自分はなぜこの会社ではたらいているのか」を改めて意識したり、自身の仕事に誇りを持ったりするきっかけになります。つまり、子どもたちへのワークショップの講師をする機会が、そのまま講師の社員にとっての**内省の機会**となっているのです。

「内省＝道化」を積み重ねて形成される「価値軸」

３つの事例に共通するのは「道化」という手法との関連です。「道化」という手法は、そのジャンルを探究していく楽しさを生み出すアプローチです。これらの事例では、「道を探究する」ということが**「〝本質〟を問いなおす」という内省の実践**と符合します。その意味では、**「道化＝内省化」**と捉えてもよいでしょう。

企業内哲学者は「本当の幸せとは何か?」という本質的な問いを立てる存在でした。ＪＴグループパーパスは、社員に「心の豊かさとは何か?」「自分はどう思うのか?」と問いかけるものでした。パーソルキャリア「〝はたらく〟を考えるワークショップ」では、子どもたちとのワークショップの講師をする機会が、「どう生きていきたいのか」「なぜはたらきたいのか」という根源的かつ本質的な問いと直面する内省の場となっていました。

このような**問いによる内省を重ねた結果として、ブレない「価値軸」が形成**されていきます。一朝一夕に形成されるものではありませんが、内省を重ねていくことで、着実に「価値軸」が太くなっていくイメージです。

「価値軸」が形成されていくと、自己の探究から発見、成長につながり、ひいては**心の安定や豊かさ、幸せにつながっていきます**。自分にとって大切なこと、大事にしたいことの優先順位にブレのない状態です。

ブレない「価値軸」を作るには、内省を習慣的に積み重ね、〝本質〟を問いなおせるような仕組みや環境を作り出すことが重要です。

倫理を持った人材／組織が育つ

ここから先は、「ブレない価値軸」を持った社員が増えていくことで、組織にどのような強みが生まれるのか、見ていきましょう。

一つ目の強みとして、**「倫理を持った人材／組織」を育てやすくなる**という点が挙げられます。

倫理の問題の難しさのひとつに、倫理的にＯＫなのかＮＧなのかの規準が、世の中の変化と共に揺れ動いていく点が挙げられます。人気ドラマ『不適切にもほどがある！』でも、昭和と令和の時代ギャップが面白おかしく描かれていましたが、時代の変化と共に常識も変わっていきます。

そういう変化の流れの中で、組織としての判断を間違えないようにするには、単に決められたことを守るという人材／組織では対応できません。**社員一人ひとりが内省により倫理観を育み、社員同士でも対話を重ねていくことで、組織としての判断を誤りにくくできます。**仮に判断を誤ってしまったとしても、そうした対話の積み重ねがあれば、取り返しのつかない事態は避けられるでしょう。

〝本質〟を問いなおし、ブレない価値軸を持っている人材や組織であれば、「善い社会とは何か？」「善い企業とはどうあるべきか？」というような哲学的／倫理的な問いにも、難なく内省と議論を重ねていけることでしょう。

NTTの事例にあったような「企業内哲学者」を取り入れることは、「倫理を持った人材／組織」の実現にも効果的です。ただし、重要なのは**「企業内哲学者」に期待するのは、あくまで「問いかけ」**であり、「答え」ではない、ということです。あくまで社員が自分たちで考えを重ねていくことが重要です。

同様に、パーパスを策定する際にも、ＪＴグループの事例のように**「パーパスは答えではなく問いで作る」**スタンスも大切です。パーパスを、会社が社員に対してトップダウンに示す正解として、つまり「唯一解としてのパーパス」と位置づけるのではなく、問いを誘発する触媒として位置づけようという考え方です。

「問い直し」のプロフェッショナルとして「哲学者＝フィロソファー」を活用していく動きは、今後も増えていくかもしれません。古代ギリシャのアテネでソクラテスが市民に対して、対話を通じて気づきを促していったように、社内に「哲学者＝フィロソファー」がいて〝本質〟を問い直して回ることで、内省化が促進されていくことが期待されます。

もしかすると、哲学の専門性の有無にかかわらず「哲学者：フィロソファー」という役割を設定するのも有効かもしれません。輪番制にしてもいいかもしれません。「フィロソファー」役になった人はパーパスにまつわる問いや、そもそも会社はどうあるべきか？　そのなかであなたは何がしたいのか？　人としてどうあるべきか？という本質を問い直します。

そのような問い直しのプロセスを繰り返していき、やがては習慣化していくことで、自分や相手の価値観や倫理観のブレない「価値軸」が形成されていくでしょう。いきなり自分たちで実施してみることが難しければ、哲学関連のアカデミアとの連携や、社内にいる大学や大学院での哲学科卒業人材への役割付与であれば、トライしやすいかもしれません。

内的動機によって動ける人材／組織が増える

二つ目は、**「内的動機によって動ける人材／組織」を育てやすくなる**、という視点です。ブレない「価値軸」を形成する上では、内省し自分を見つめ直すプロセスが必須です。そのプロセスを丁寧に習慣的に行っている人ほど、自分の内的動機のコンディションに敏感です。パーソルキャリアの事例のように、普段の仕事とも関連するテーマに対して、自主性があり参加意欲が高い人材に関しては、仕組みの中に相手を介した内省や問いなおし（この事例では子どもとの対話）が加わることで、その効果は一層パワフルなものになるでしょう。

ちなみに、内的動機すなわち心に対してのアプローチとしては、最近ではマインドフルネスや瞑想が注目されています。**自らの「こころ」と「からだ」と向き合い、その時々のコンディションや「こころ」の動きをセンシングすることで、内的動機のあり方に自覚的になる**ことが期待できます。

瞑想による内省をビジネスで実践している具体例には「Search Inside Yourself」（以下ＳＩＹ）があります。ＳＩＹは元Googleのエンジニアのチャディー・メン・タン氏が考案した研修プログラムで、まずはGoogle社内で実践され好評を博し、今では世界50カ国以上で実施されているマインドフルネス講座（研修プログラム）となっています。

同氏のベストセラー『Search Inside Yourself』の中で紹介されている瞑想の方法は、単に心や思考の方法についてだけでなく、細かな身体の姿勢や使い方、呼吸の方法や、歩きながらエクササイズ的に行う方法や、ジャーナリングといって書き出すことによって行う瞑想方法など、多岐にわたっています。

〝本質〟の問いなおしの習慣化が、「価値軸」を作る

ここまで「**道化**」に関連する3つの事例を見てきました。「道化」の道の探究が、3事例に共通する「**〝本質〟を問いなおす**」という実践と符合していました。これは、「**内省化**」と言い換えてもよいものです。その内省化により、社員の心に「**ブレない『価値軸』が形成**されており、それが心の豊かさにつながっています。

これを経営者側から見ると、ブレない「価値軸」が形成されることで、「**倫理を持った人材／組織**」「**内的動機によって動ける人材／組織**」を育成しやすくなる、という視点での組織強化を可能にします。

ここでの問いとは、「そもそも人はいかにあるべきか?」「何のために私はここにいるのか?」「なぜ私たちの会社は存在しているのか?」「私はどうしたいのか?」というような、**社員の心の幸せに直結する哲学的／倫理的な問い**です。

そのような本質的な問いなおしが組織内で習慣化し、お互いに議論を重ねていくことで、価値観や倫理観、内的動機という「目に見えない価値」が徐々に見え始め、一人ひとりの、そして組

織としてのブレない「価値軸」が、太く強く育っていくはずです。

2 ――「型化」に関連する事例分析

ここからは「転・精神文化」(リチュアル化)の手法のうち、**「型化」**に関連する事例(話題の書籍とダイセル)を紹介します。

共通するキーワードは「時間軸」です。時間軸の視点を取り込むことで、組織のアクションはどのように変わっていくのでしょうか?

図5-1　問いなおしの習慣化でブレない「価値軸」を作る

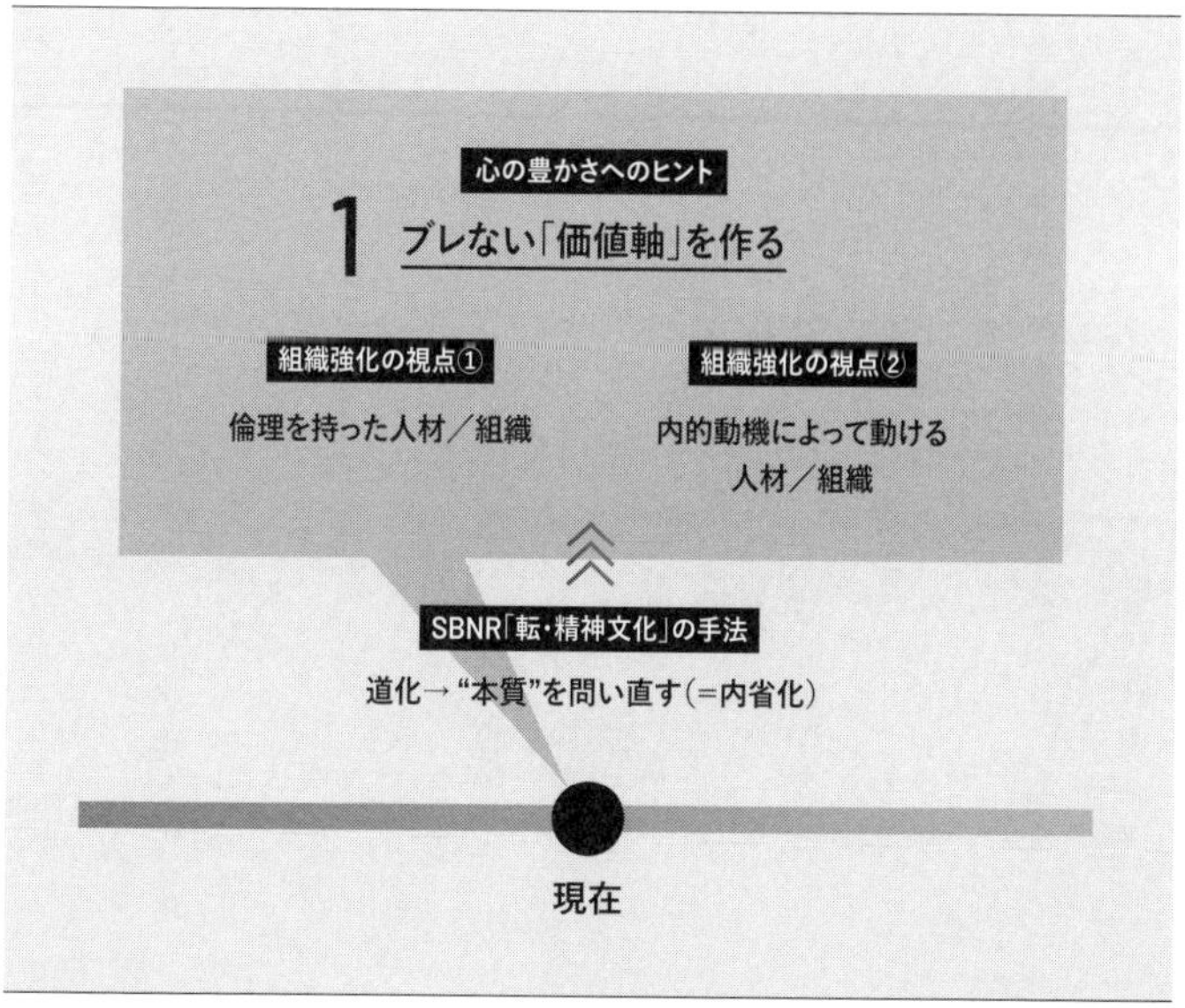

1──『グッド・アンセスター わたしたちは「よき祖先」になれるか』

イギリスの文化思想家であるローマン・クルツナリック氏の著書に、『グッド・アンセスター わたしたちは「よき祖先」になれるか』（2021年、あすなろ書房）があります。

「わたしたちはよき祖先になれるか」という言葉は、ポリオワクチンの開発に成功したアメリカのウイルス学者ジョナス・ソーク氏が、自らの人生哲学として表したシンプルな問いです。

「我々が過去からたくさんの豊かさを受け継いでいるように、我々も子孫へ受け渡さなければならない」というのが、彼の信念でした。

この本の著者であるクルツナリック氏がこの言葉に込めたメッセージは、近代西洋で生まれ、今や資本主義と共に世界中を覆いつつある「短期思考」という悪弊を乗り越え、**人類の叡智である「長期思考」**へと転換することで、**「よき祖先」になれるようなアクションを取っていこう**というものです。

人類全体として発想する際には、「よき祖先」という言葉が適していますが、ふだん私たちが働く会社組織として発想する際には、「祖先」よりも〝**先人**〟というイメージの方が発想しやすいかもしれません。

2 ダイセル「教育訓練センターでの体験型教育」

企業が取り組んだ生産革新の取り組みを、社史や企業ナラティブとして編纂するだけでなく、研修組織や研修所および工場見学として形にしている企業が、化学メーカーのダイセルです。

ダイセルは1919年に、セルロイドメーカー8社が合併して設立されました。それぞれの会社の工場ごとに培われた様々なノウハウがありましたが、それらが共有化されにくいという課題がありました。1990年代には、団塊世代の熟練工が大量に定年退職するという課題が切迫しており、熟練工の暗黙知だったノウハウから徹底的に学ぶ社内プロジェクトが発足。約840万件にも及ぶ熟練工のノウハウを徹底的に収集、全体を構造化し、革新的な生産手法「**ダイセル式生産革新**」を実現しました。

さらに、生産革新を後戻りさせないために、**独自の教育プログラム**を構築しています。**2002年に教育訓練センター**（ＴＲＣ）**を設立し、6名前後の少人数研修で、対話を重視した体験型教育**を開始しました。新人、現場の中堅からベテラン、現場を指導する立場の社員、技術者まで、それぞれの職位や立場に応じたコースを準備し、社員以外にも、大学や高等専門学校の学生を対象にした化学プラント体験も毎年行っています。設立以来、約９５００名（２０２５年３月末時点）が受講し、**ダイセルのものづくりの哲学や技能を次世代へと伝承**しています。

筆者（坪井）も２０２３年に機会をいただき、ダイセルの網干工場を見学しました。そこには生産革新プロジェクトの当時の膨大な作業記録が、パネルや大量の資料として今でも残されていました。それらの資料を眺めるだけでも、先人たちが１００年の歴史で培ってきた技術へのリスペクトと共に、プロジェクトメンバーの危機感や熱い想いがひしひしと伝わり、その迫力に圧倒されたことを鮮明に覚えています。

ダイセルの教育訓練センターでは、「人間中心」「価値共創」を軸に、先人たちの生産技術のノウハウだけでなく、**生産革新を実現させた背後にある哲学や精神性**（部分最適ではなく全体最適、社会全体のムリ／ムダを無くす）も含めて、**対話型の体験型教育で次世代へと継承**しているといえます。

「先人に学び、よき先人になる」ことで「時間軸」をひきのばす

2つの事例に共通しているのは「型化」という手法との関連です。「型化」という手法は、あえて決められた「型」を守って実践する、というアプローチです。

これらの事例では、「型を守って」というところが、先人たちが積み上げてきた歴史へのリスペクトとつながります。そして、**「先人に学び、よき先人になる」という歴史的な視座に立った長期思考**の実践と符合します。

『グッド・アンセスター』の著者は、「よき祖先」になるための「長期思考」を提唱しています。ダイセル「教育訓練センター」での体験型教育」は、先人が培ってきた技術へのリスペクトを原点に、その技術や精神性を未来へと継承しています。

このように**歴史的な視点を型として組み込み発想**することで、**時間軸をひきのばす**ことができます。

「先人に学び、よき先人になる」という、常に歴史的な長期思考の視座から発想すると、自分も大いなる歴史の一部という帰属意識を持ちやすくなります。そして、将来世代から見た時に、自分はよい先人になれているか?という問いを常に意識することで、未来や将来とのつながりの中で、自らのふるまいを正しやすくなります。**長期的な歴史のつながりの中に、自らを位置づけられるという感覚が、心の豊かさや安定にもつながります。**

ナラティブを共有している人材／組織が育つ

「時間軸をひきのばす」ことができる社員が増えると、「ナラティブを共有している人材／組織」を育成しやすくなります。創業から今日に至るまで、その企業が着実に積み重ねてきた営みの結果として、企業にはそれぞれ特有の企業文化が形成されています。

未来のビジョンを語ることで、企業がこれから先に向かう方向性を示すことも大切ですが、**歴史には絶対に失われないその会社固有の物語や個性**があります。企業の発展の歴史のなかには、創業者やリーダーたちの想いや、偶然の幸運、縁や予測しえなかった危機など、合理性だけでは説明のつかないドラマがたくさんあります。その中で自社が、先輩たちがどう行動してきたのかという歴史を知ることは、暗黙知化された企業風土や行動規範のルーツを知り、また、その**連続性の中に今のチームや自分があるのだという感覚**を持つことにもつながります。

創業者をはじめとする自社の先人たちの活動を**社史や企業ナラティブとして編纂**し、社員や関係者に共有していくことも重要ですが、先述したようなプログラムを組むことで、社員同士がナラティブを共有しながら話し合い、組織全体でナレッジ化していくことができます。

企業ナラティブを共有できている組織では、現代における自社の存在意義の再認識や再発見がしやすくなるという特徴もあるでしょう。これは「パーパス経営」の話とも密接に関連してきます。企業の存在意義を問い直すことは、その企業が生まれてから現在に至るまで、どういう道筋を辿ってきたのか、その企業としての生きざまを問い直すことにつながります。そこで再解釈された社史や企業ナラティブを基軸にして、**組織との目に見えない「つながり」を強め、従業員がより強い誇りと帰属意識＝エンゲージメントを持つことが期待**されます。

ダイセルの例では、１９９０年代の危機的な状況を打開した「ダイセル式生産革新」を通じて、単なる技術の伝承のみならず、個別最適ではなく全体最適、社会全体のムリ／ムダを無くしていくという想いを、対話型の体験型教育の形で次世代へとつなげています。

未来に希望を持てる人材／組織を育む

二つ目の視点は、「未来に希望を持てる人材／組織」が育成しやすくなる、ということです。

『グッド・アンセスター』の中では、「大聖堂思考」という思考法も紹介されています。

「大聖堂思考」とは、人類の寿命を超えたプロジェクトを計画する、という思考法です。バルセロナにあるアントニ・ガウディの幻想的な大聖堂、サグラダ・ファミリアは未完のプロジェクトとしても有名ですが、１８８２年に開始され、１９２６年にガウディが亡くなった後も、

2026年の完成を目指していまでも継続しています。

「ダイセル式生産革新」の背景にある哲学や精神性（個別最適ではなく全体最適、社会全体のムリ／ムダを無くしていく）は、究極的には自社に留まらず、同業他社や同業のプロセス産業、ひいてはバリューチェーン全体の未来への革新を視野に入れています。

言い換えれば、リーダーが自分よりも優秀となり得る後継者を抜擢し、**組織が将来世代にわたって生き延びるために必要な精神性**を育んでいくという発想です。これが実現できれば、組織のヒエラルキーを静的で固定的なものとしてではなく、世代を重ねるごとに組織全体がさらなる高みへと拡張していくような、動的に変化・拡張していく組織として捉えることができます。

同じことを、部下の立場から捉えてみましょう。部下からすると、このような長期思考の組織観を持っているリーダーとは、**自分がまだ見えていない風景に、自分を引き上げてくれる**上司ということになります。自分の世代だけでは完結できない壮大な理想やパーパスを掲げ、自分では実現できなくとも、その次の代やそのまた次の代と、世代を重ねるごとに着実に理想やパーパスの実現に向けて進んでいけるという感覚は、**組織のメンバーとしては大きな希望**となります。

「型化」によってブレない軸を〝来し方行く末〟にひきのばす

ここまで「**型化**」に関連する事例を見てきました。〝あえて決められた「型」を守って実践する〟ことが、「**先人に学び、よき先人になる」という歴史的な視座に立った長期思考**の実践と符合していました。

歴史的な視座に立つことで、**社員の心に時間軸をひきのばすという長期思考が形成**されており、それが心の豊かさにつながっています。

これを経営者側から見ると、**時間軸をひきのばすことで、「ナラティブを共有している人材／組織」「未来に希望を持てる人材／組織」を育成しやすくなる**、という視点での組織強化を可能にします。

〝本質の問い直し〟でできたブレない「価値軸」を、〝来し方行く末〟へとひきのばしていくことで、長期思考を実現するという発想になるのです。

「先人に学ぶ」ことで、現在におけるブレない「価値軸」を、過去の方向からさらに強固にすることができます。それに加えて、「よき先人になる」という視点が入ることで、強固になった価

図5-2　ブレない軸を過去と未来にひきのばす「長期思考」

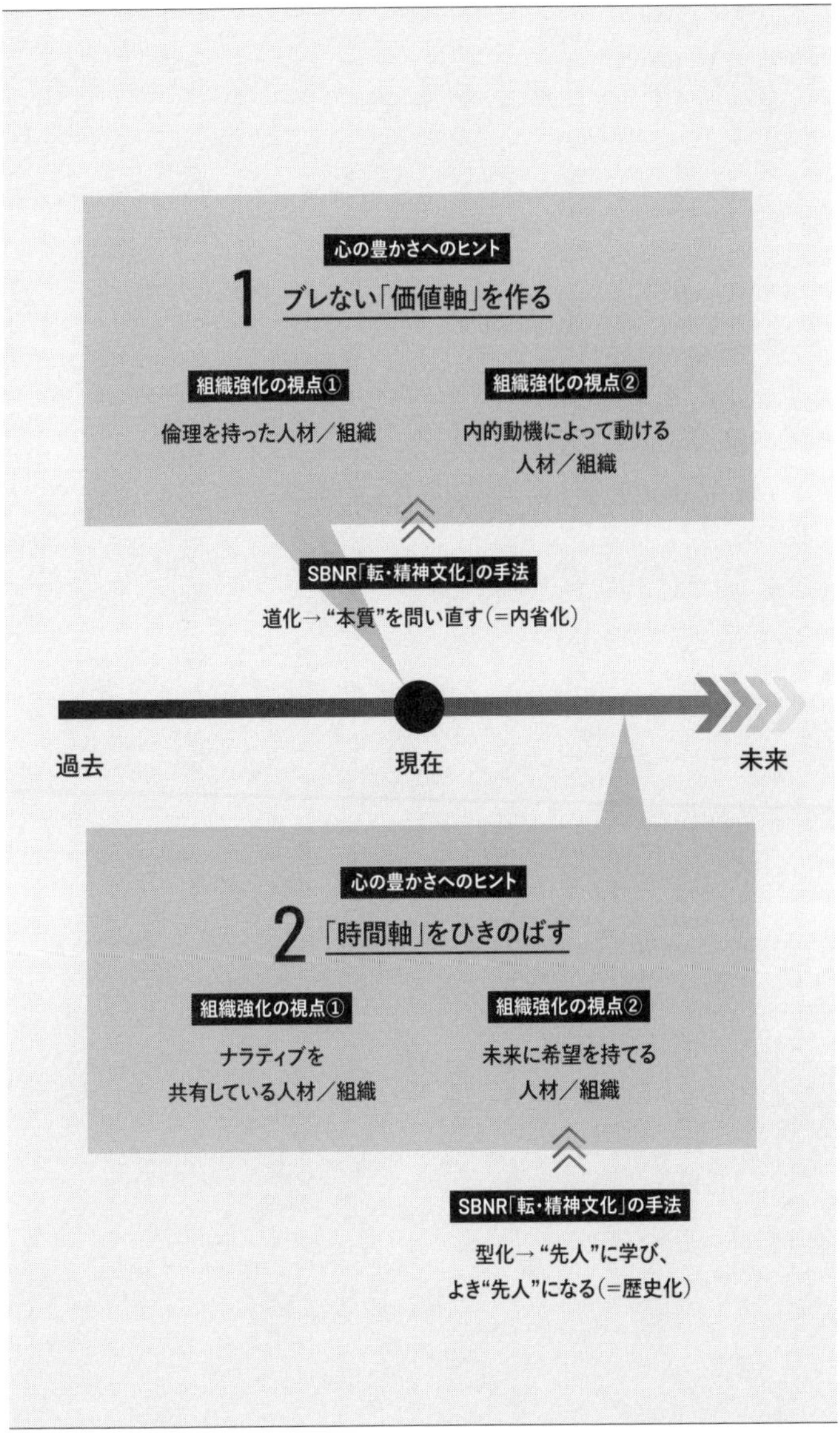

値軸をさらに未来へと真っ直ぐに伸ばしていけるイメージです。

3　「聖地化」に関連する事例分析

ここからは「転・精神文化」(リチュアル化)の手法のうち、**「聖地化」**に関連する事例を3つ紹介します。「聖地化」ということで、**共通するキーワードは「場と身体性」**です。「場と身体性」には、いったいどのような力が潜んでいるのでしょうか?

1　大手IT企業に見られる出社回帰の動き

2024年9月に**米アマゾン・ドット・コムが世界の社員に原則として週5日出社するように求める**など、コロナ禍以降のリモートワーク活用の流れに変化が訪れています。アマゾンのアンディ・ジャシーCEOは「過去5年を振り返り、オフィスで一緒に働くことの利点は大きいと確信している」と記した上で、社員同士が学び合ったり新たなアイデアを生み出したりするには、在宅勤務ではなく出社が効果的だと説明しています（日本経済新聞2024年9月17日記事）。本国の発表を受け、**アマゾンジャパンも2025年1月から原則出社**を社員に求めることを決めています。また、**メルカリでは24年7月末から週2日の出社を推奨**する取組みを始めています（日本経済新聞2024年10月20日記事）。テレワークの申し子とも言える**「Zoom」（ズーム）の運営会社、ズーム・ビデオ・コミュニケーションズも、オフィス周辺に住む従業員に週2回の出社を義務づけた**ことで話題になりました（日経MJ2023年10月23日記事）。

リモートワークを継続／推進しやすそうなイメージのあるIT企業においても、**生産性や会社への帰属意識の向上、企業文化の維持のために、オフィスという共通の〝場〟で一緒に働くことを選ぶ流れ**が見て取れます。

2　「土徳《どとく》」が引き出す精神性

山形県鶴岡市に、慶應義塾大学先端生命科学研究所（以下、先端研）があります。慶應義塾、鶴岡市、そして山形県が一体となって取り組む「アカデミックベンチャー」を標榜し、ユニコーン企業（企業価値10億ドル以上の未上場企業）のSpiber社をはじめ、これまでに多数のスタートアップが先端研の学生や研究員の手によって創業されました。

ここから生まれてくる企業は、「世界的な課題を解決し人類に貢献していく」という非常に大きなビジョンを掲げた「ソーシャルベンチャー」が多いのが特徴です。

先端研の初代所長であり、鶴岡サイエンスパーク代表理事の冨田勝氏はこのように語っています。「**研究所が居を構える山形県鶴岡市の自然風土と精神文化が、ここで研究に取り組む人たちのマインドセットに大きな影響を与えている**のではと思います」。冨田氏は、ソーシャルベンチャーを創業した若者たちの多くが、「**出羽三山の自然と文化に触れることで、『自分が生きる意味はなにか？』『自分が生涯をかけてやるべきことはなにか？』**を自然と考えるようになっていったはずだ」と語ります。

この鶴岡の先端研の話は、「**土徳**」というコンセプトで捉えることもできます。「**土徳**」**とは、民藝運動の創始者であり、宗教学者・思想家の柳宗悦の言葉**です。

筆者たちが「SBNRレポート」を構想していた時に、編集メンバーで富山県南砺市に合宿に行きました。そこで一般社団法人 富山県西部観光社「水と匠」の方々にお世話になり、この言葉を知りました。

かつて富山県南砺市に滞在した柳は、厳しくも豊かな環境の中で、恵みに感謝しながら生きる人に出会い、「ここには土徳がある」と表現しました。「**土徳**」**とは、その土地が持っている徳であり、自然と人が共に作り上げてきた品格という意味**が込められています。

「土徳」という見えない価値を大切にする精神性が、その土地そのものや、そこに関わる人たちの潜在力を引き上げ、地域の魅力をより高めているように感じられます。

「自力」で自らを高めていく努力も大事ですが、**自分たちが置かれている〝場〟の力にゆだね、自我を超えて自己を解放することで潜在能力が引き上げられるという「他力」型のアプローチ**も効果的です。それによって形成されるのが「土徳」と言えます。

3 地方への本社移転の動き

コロナ禍以降、**東京に本社を置いていた企業が、地方へ本社機能を移転する動き**もあります。

パソナグループは2020年9月に、**本社・本部機能の一部を段階的に兵庫県の淡路島へ移転**すると発表し、24年5月末をめどに約1200人分のポストを移す計画を掲げました。24年5月末時点で、約1300名が着任しています。成果のひとつとして挙げられているのが、**社員の働き方や健康面の改善**です。オフィス内に託児所を設置。通勤と共に子どもの送り迎えが可能になったほか、通勤時間も短くなり、家族との時間が増えたようです。ストレス軽減や減量につながった社員も多く、家賃や物価も安く、**子どもが自然豊かな場所で過ごせる**こともメリットとして挙げられています。自然豊かな環境が支えとなり子どものアレルギーがなくなったとの声もあります（日本経済新聞2021年10月24日記事）。

アミューズは、21年7月に**本社を東京・渋谷から富士河口湖町に移転**しました。

移転の理由としては「**心を解き放つオフィス、自然との共生を通じて、新時代の文化を世界に発信していく**」とコメントしています（日本経済新聞2021年4月1日記事）。

22年10月には、山梨県富士河口湖町の西湖のほとり約8800平方メートルの敷地に整備していた新本社「アミューズ ヴィレッジ」が完成しました。中西正樹社長は16日のオープニング式典で**「アーティストと社員の心と体の健康を整え、コミュニケーションを深めて感動をつくっていく場所にしたい」**と述べています（日本経済新聞2022年10月17日記事）。**社員は西湖本社と東京オフィス（東京・青山）を自らの業務に合わせて使い分ける働き方**ができ、宿泊施設や撮影スタジオ、レッスンルーム、多目的ホールを備え、所属アーティストも使いやすい環境にしています。

「場の力や身体性を取り込む」ことで「空間軸」を拡張する

以上3つの事例（事象）に共通するのは「聖地化」という手法との関連です。「聖地化」という手法は、特別な意味性やストーリーを持った場所・空間を作る、というアプローチです。

この**「特別な意味性やストーリー」という部分が、「場の力や身体性を取り込む」＝「血肉化」ともいえる生々しいリアルな体験に落とし込む実践と符合**します。その意味では、**「聖地化＝血**

肉化」と捉えてもよいでしょう。

アマゾンは企業文化や帰属意識、生産性の維持のためにリアル出社に舵を切っています。先端研や水と匠の事例では、その土地が持つ独自の品格という「土徳」という概念を取り上げました。

パソナやアミューズは、本社機能を地方へ移し、社員の心の豊かさも追求しています。

このように**場の力や身体性に特別な意味を持たせ「血肉化」することで、「空間軸」を拡張することができます。**

これを経営者の視点から見ると、**「空間軸」を拡張する**ことで、**「身体でわかりあえる人材／組織」「使命感をもってチャレンジする人材／組織」**を育成しやすくなる、という方向での組織強化を可能にします。

場や身体性をうまく活用していくことで、チームメンバーとの物理的・身体的な共通体験が生まれ、チームの一体感、心理的安全性や、組織の共有知を高めていくことも期待できます。

身体でわかりあえる人材／組織を増やす

「空間軸を拡張する」ことができる社員が増えると、「身体でわかりあえる人材／組織」を育成しやすくなります。

「身体でわかりあえる人材／組織」と書きましたが、イメージはサッカーやラグビー、野球などのチームスポーツにおける見事なチームプレイです。

特に言葉は交わさなくても、相手が走り込む気配を感じてパスを出し、見事そのパスが通ってゴールやトライを決めたり、華麗な連携でダブルプレイを決めたりするような感覚です。

このような「身体」の重要性に着目しているのが、京都大学総長も務め、現在は総合地球環境学研究所の所長を務める山極壽一氏です。山極氏は、インタビューで以下のように語っています。

「身体性が欠如していると、どのような問題があるのでしょうか。**互いへの信頼感が担保できなくなります。**本来、**信頼感というものは「身体の同調」でしか作られないもの**だからです。身体の同調とは、具体的にいえば、誰かと一緒に同じものを見る、聞く、食べる、共同で作業をする、といった**五感を使った身体的な共感や、同じ経験の共有**のことです。これには当然、時間がかかります。その代わり、**言葉のやり取りだけではとうてい得られない強い信頼を互いの間に築き上げることができる。**」［*1］

同じ場を共有し、身体を同調させることで、言葉を超えた信頼感を築いていく。出社回帰の動きも、**身体の信頼感を取り戻そうとする動き**とも見て取れます。

使命感をもってチャレンジする人材／組織を生み出す

いままで見てきた「社員の心の豊かさ」へのアプローチには3つありました。最初の2つのアプローチは、主に「**自力**」によるものです。

「〝本質〟を問い直す」ことで、ブレない「価値軸」を作る
「先人に学び、よき先人になる」ことで、「時間軸」をひきのばす

自らが自身や周囲のメンバーに対して〝本質〟を問い直したり、自ら〝先人〟に学び、自らもよき〝先人〟になろうとすることによって、ブレない価値軸を作り、その価値軸が影響を及ぼす時間軸をひきのばしたりします。

それに対し、3つ目のアプローチは、主に「**他力**」によるものといえます。

「場の力や身体性を取り込む」ことで、「空間軸」を拡張する

「土徳」の発想がまさにそうですが、その土地が持つ品格や徳を自分たちに取り込むという考え方です。パワースポットと呼ばれるような場所を訪れて元気な気持ちになる、というのも同じ発想です。本社機能の地方移転により、自然豊かな環境の力を取り込んで、家族が健康になったという話もありました。

＊1 Story3「身体の同調」で信頼感を取り戻す（2017年9月15日「みつむらweb magazine」https://www.mitsumura-tosho.co.jp/webmaga/kotoba-to-manabi/interview/tsukurareta/story3）

先端研の話では、次々とソーシャルベンチャーが立ち上がってくる背景として、**研究所が居を構える山形県鶴岡市の自然風土と精神文化**がここで**研究に取り組む人たちの精神的な部分に大きな影響を与えているのではないか**、という冨田氏の仮説を紹介しました。

さらに発想を拡げると、使命感を持ってチャレンジした先人たちや偉人たちの記念館や博物館を訪れるだけでも、そこから感化されてやる気がわいてくる、ということもあるかもしれません。**自分たちが働く場としての〝しぜん〟や、その場を取り巻く歴史や文化との〝つながり〟を、「他力」としてもっと活用できるのではないか**、というのがここでの考察です。これらの要素をうまく取り込み、自分たちの〝こころ〟や〝からだ〟と融合させることで、**自分たちを動かす力へと転換させる**ことができそうです。

AI時代の人間らしさは「リアルな〝場〟に〝身体〟を置けること」にある

ここまで「**聖地化**」に関連する3つの事例を見てきました。

「聖地化」の〝特別な意味性やストーリーを持った場所・空間を作る〟が、3事例に共通する

「場の力や身体性を取り込む」という、「他力」的な「見えない力」の活用と、リアルな場に身体を置くという身体性重視の実践と符合していました。これは、「**血肉化**」と言い換えてもよいものです。

その「**血肉化**」により、社員のこころは「**空間軸を拡張する**」**方向へと広がり、**それが心の豊かさにつながっています。

その場や土地が持っている徳、自然と人が共に作り上げてきた品格のような、**リアルな場が持っている見えない力を、自らの活動の原動力として取り込む＝血肉化していく**ことで、社員や組織の**豊かな精神性**を引き出し、育んでいくことができます。

チームの信頼感を醸成していく際には、ベースとしての「身体の同調」という発想も重要です。ここでお伝えしたかったのは、**場の力を取り込みつつ、身体性を仲間とも同調させていくことで、自らの価値観を空間軸で拡張していこうという発想**です。

これから先、ＡＩはますます進化していくことが想定されますが、**ＡＩと人間の決定的な差は、バーチャルではないリアルの価値**にあります。**人間には場や身体性を介したインタラクショ**

図5-3 「場の力や身体性を取り込む」ことで「空間軸」を拡張する

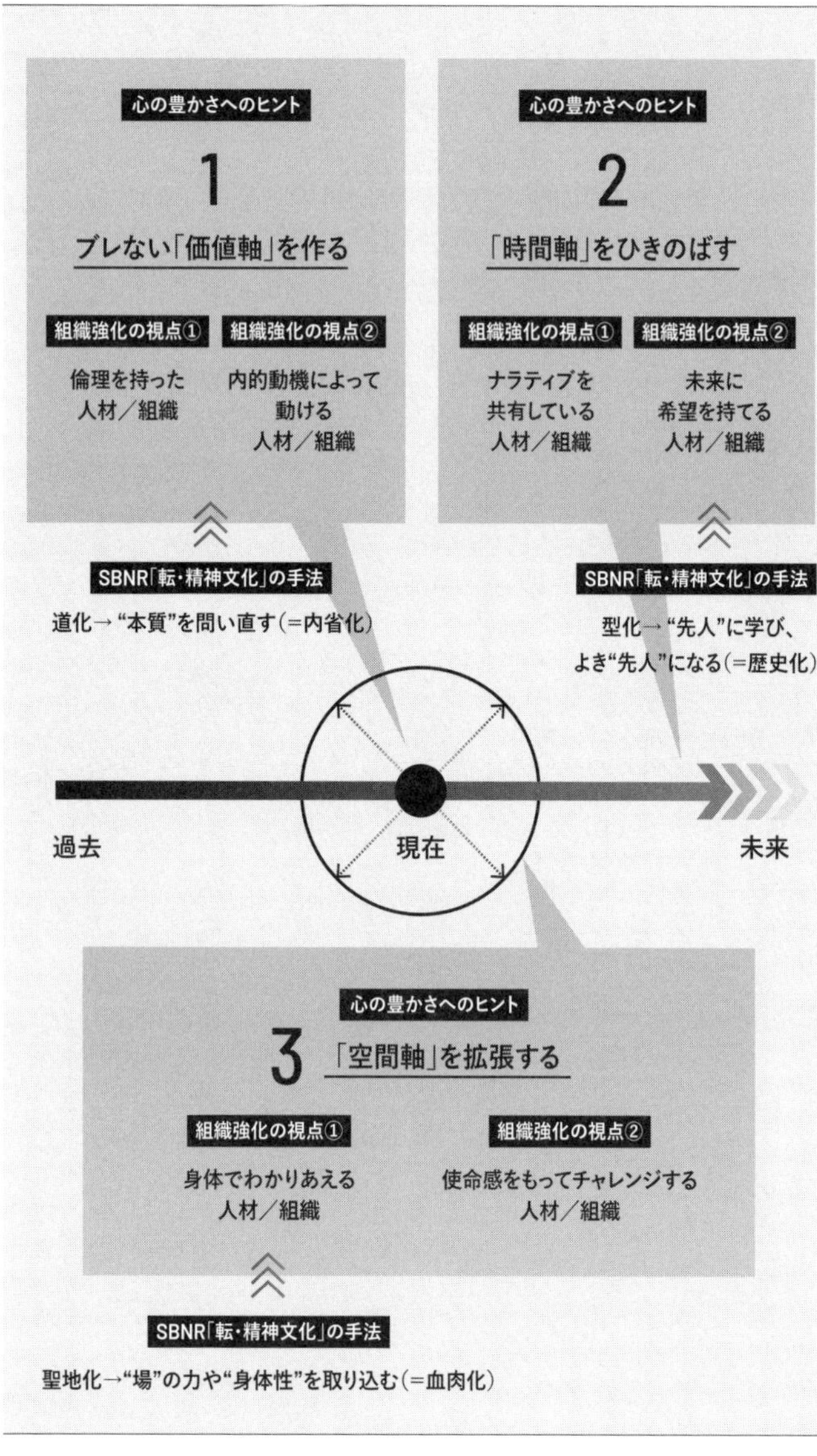

ンにより、自己変容を促す力が備わっています。この力は、これからのＡＩ時代において、人間らしさの根底に位置づけられていくはずです。

経営者はなぜ「山伏体験」に魅かれるのか？

ＥＯ＝Entrepreneurs' Organization（起業家機構）という団体があります。年商1億円を超える会社を経営する起業家の世界的なコミュニティで、現在86カ国２２１支部、１８８００名以上のメンバーによって構成されています。

東北を拠点とするEO North Japanは、世界中のＥＯメンバーの起業家たちが参加できる「ＤＩＳＣＯＶＥＲ ＴＯＨＯＫＵ ２０２４」という体験ツアーを２０２４年10月10－12日の３日間で開催しました。その２日目に組み込まれたのが、**羽黒山での山伏巡礼体験**です。

参加した起業家は２００名以上、ガイドをする山伏も総勢20名ほど。

手向《とうげ》という宿坊街での朝の勤行から始まり、グループに分かれて山伏たちが勤行をしながら、

2446段の石段を登って山頂の出羽三山神社にお参りし、斎館での精進料理も体験しました。

参加した経営者の方々は、山伏体験の感想をこう語ります。

・**自然の中で自分を見つめ直す時間**は非常に貴重で、**自分が自然の一部であるという感覚**を強く持った。

・山伏体験は鍛えている僕でもちょっと辛かった。途中、先を見るのをやめて、**一段一段登ることに集中**したら、少し楽になった。ちゃんと計画を立てて、あとは**実行することだけ集中した方が大事**なんだなって、石段を登りながら考えていた。

・仕事を人間としての活動ではなく、自分の中にある**神聖なものから派生する「お役目」**として捉えることで、より深い意義を見出せるのではないか。

今回の山伏体験自体は1日弱のものでしたが、参加者それぞれに深い気づきをもたらしたようです。

最後に、**経営者が山伏体験／修行に魅かれる理由**を、いままで見てきたフレームを使って考察してみます。

1―ブレない「価値軸」を作る

↓修験〝**道**〟の名の通り、**山の中での行を通じて、自分の内面と向き合う。**自分が本当に求めるものを、自らに**問い続ける。**

2―「時間軸」をひきのばす

↓伝統的な**修行の作法に自らの所作を重ね合わせる**ことで、自分は**大いなる歴史の流れの一部であると体感**する。

3―「空間軸」を拡張する

↓大いなる自然の力を**全身に感じ**、**山と一体**になりながら、その場その場の判断に必要な**直感**や**感性**を研ぎ澄ます。

図5-4　経営者が山伏体験／修行に魅かれる理由（筆者仮説）

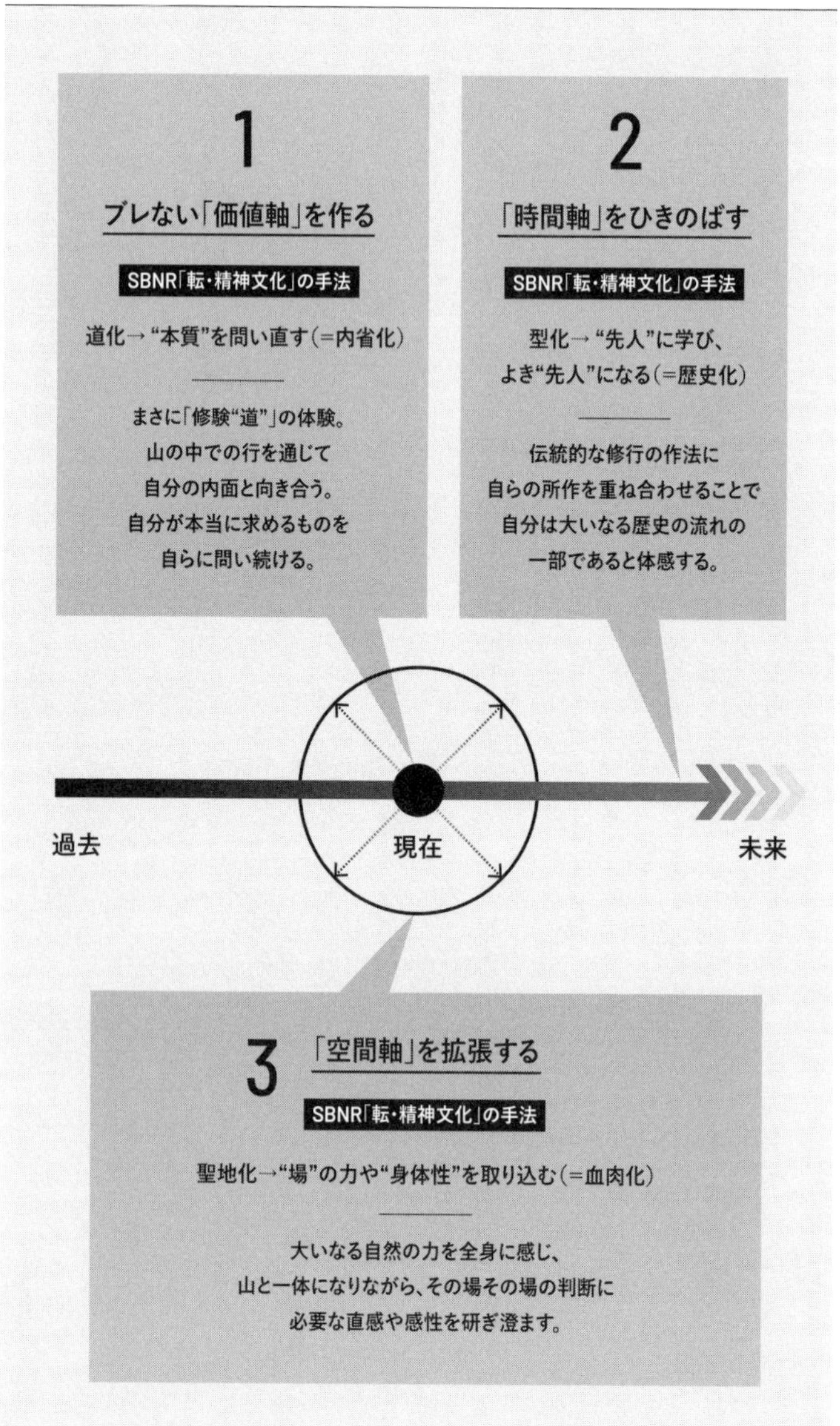
1
ブレない「価値軸」を作る
SBNR「転・精神文化」の手法
道化→“本質”を問い直す（=内省化）
まさに「修験“道”」の体験。
山の中での行を通じて
自分の内面と向き合う。
自分が本当に求めるものを
自らに問い続ける。
2
「時間軸」をひきのばす
SBNR「転・精神文化」の手法
型化→“先人”に学び、
よき“先人”になる（=歴史化）
伝統的な修行の作法に
自らの所作を重ね合わせることで
自分は大いなる歴史の流れの
一部であると体感する。
過去
現在
未来
3
「空間軸」を拡張する
SBNR「転・精神文化」の手法
聖地化→“場”の力や“身体性”を取り込む（=血肉化）
大いなる自然の力を全身に感じ、
山と一体になりながら、その場その場の判断に
必要な直感や感性を研ぎ澄ます。

ブレない「**価値軸**」を、「**時間軸**」にも「**空間軸**」にも拡げていき、「**こころ・からだ・しぜん・つながり**」が一体となったライフスタイルやワークスタイルを志向する動きが、今まで見てきた一連の事例や、最後に見た山伏体験／修行を求める気持ちの背後にありそうです。

6

世界の課題にSBNRができること

“心で見なくちゃ、ものごとはよく見えないってことさ。
かんじんなことは、目には見えないんだよ。”

『星の王子さま（Le Petit Prince）』サン・テグジュペリ／内藤 濯《あろう》訳

ここまで、ＳＢＮＲのマーケティングや企業経営への活用可能性について触れてきました。最後に視点をぐっと大きく広げて、**社会全体に広がるＳＢＮＲの可能性**について考えていきたいと思います。ＳＢＮＲには、これまで見てきた、「個人の内面的な充足」「マーケティングや組織のアップデート」ということにとどまらない、社会の課題解決に貢献しうる力をもっています。

ホモ・サピエンス最大の武器は「想像力」だった

人類最大の武器とは何でしょうか？　火を扱う能力、言語の発展、あるいは道具の使用？　それらは確かに重要ですが、ユヴァル・ノア・ハラリの『サピエンス全史』（２０１６年、河出書房新社）によれば、それは

「見えないものへの想像力」

でした。この力が、私たちをただの動物から、神話を語り、未来を描き、社会を築く存在へと

進化させたのです。

そしてこの**「想像力」が現代的な文脈で表現されているのが、「SBNR」ムーブメントといえるのではないでしょうか。**1章で「日本はSBNR大国である」と言いましたが、「目に見えないものを想像する力」とは国、人種、文化を問わず、**ホモ・サピエンス全員が共有し、磨いてきた能力**です。

だからこそ、SBNRは国境・人種・文化・信仰を超えて共有可能な感性とも言えるでしょう。SBNRは、宗教的な教義や制度に縛られることなく、精神的な豊かさを自由に探求することを可能にします。自分と向き合う時間、心地よい体験、自然や他者とのつながりの発見など、これらは宗教の特定の枠組みにとらわれないだけでなく、むしろその枠を超えることで、**より普遍的で包括的な精神的価値を追求するアプローチ**でもあります。

「想像力の喪失」と精神性の危機

こうしたSBNRのような感性が注目される背景には、日常の中で多くの人が**「何かが欠け**

ている」と感じている現実があるのかもしれません。日本には、目に見えないものへの感性を育むための豊かな資源――自分と向き合う仏教や禅の教え、自然を敬う神道・武道・芸道・商人道などの生活と結びついた精神性、四季折々を慈しむ感受性――があることは、ここまで見てきた通りです。

しかし、こうした豊かな精神性を現代人が十分に活用できているか？というと、残念ながらそうではないと感じざるを得ません。

すこし大げさな言い方をするならば、日本はいま、「**精神性の危機**」に直面していると言えるのではないでしょうか。

ハラスメント
インターネットでの誹謗中傷やネットリンチ
承認欲求の暴走やマウンティング合戦
公共の場での迷惑行為
自殺・うつ病などの精神疾患

家族の崩壊
互助共同体の崩壊
若者・老人の孤立・孤独
過剰な個人主義

こうした**社会全体の倫理・モラルの低下やメンタルウェルネスの危機**といった社会問題は、その根底に「他人・共同体・社会・自然・文化・歴史・未来」との**つながりを想像する力の欠如**という共通の課題が存在しているように思えます。

こうした問題は社会全体の課題であると同時に、**私たち一人ひとりの日々の生き方にも関わるもの**です。かくいう私自身も、日々完璧な倫理観・モラルで行動できているわけではもちろんありません。

仕事に追われて忙しく過ごす中で心の余裕を失い、
家族に思いやりを持てない時があったり、
自分の期待通りに行動してくれない人に腹を立ててしまったり、

SNSやネットニュースを鵜呑みにして勝手に評価・断罪してしまったり……

こうした経験は、多かれ少なかれ誰もが思い当たるのではないでしょうか。こうした感情が「想像力の喪失」によって暴走し、歯止めが利かなくなることで、取り返しのつかない事件や社会的に危機的な状況につながっているように思えてなりません。

とするならば、この「精神性の危機」とは、なにも自分以外のモラルの低い誰かが起こしている問題ではなく、**私を含む現代人全員が「想像力を喪失」した結果として起こしてしまっている問題**と捉えるべきでしょう。誰もがこの危機的状況における被害者であると同時に、加害者でもあるのです。

SBNRは、**こうした状況を打開するために、日常生活の中で誰もが取り入れることのできる実践的解決策**となりえます。見えないものの価値に目を向け、他者、自然、歴史、自分自身とのつながりやその価値を再発見していくことで、現代人が再び**共感性や倫理を取り戻し、新しいつながりを構築していくことができるのではないか？**　以降では、そんなSBNRの可能性を、5つのテーマに分けて論じていきたいと思います。

1 SBNRが「孤独」を癒やす

現代社会において孤独感を抱える人の増加が深刻な問題となっています。

内閣府が実施した「孤独・孤立の実態把握に関する全国調査」（2023年）によれば、約4割の人々が何らかの形で孤独を感じていると報告されています。一般社団法人日本少額短期保険協会の「第9回孤独死現状レポート」によると、孤独を感じている人は40％近く存在しており、今後単身化・高齢化が一層進むとされる我が国において、「孤独死は身近に起こり得るものである」ということが指摘されています。

現代社会の孤独という問題に、SBNRはどんな解決策を示してくれるでしょうか？

「山で孤独を感じる人はいない」

そもそも、孤独とは何でしょうか？

哲学者三木清は、**「孤独は山にあるのではなく、人の間にある」**と述べました。山に一人で登っても孤独に感じることはないけれど、都会のオフィスで大勢と一緒に肩を並べて働いていると孤独に感じることがある。

孤独とは、単に「一人の状態でいること」ではなく、むしろ「他者とつながっている中で感じる断絶」と言えます。そして、多くの人々と物理的には共存・接続していながらも、心が交わらないという現代的な孤独は、SNSやデジタル化が進む中でますます深刻化しています。

情報や人との接触があふれる社会にあって、逆説的に心はどんどん飢えていく。その原因は、「可視化された表層的なつながり」が多くなりすぎたからこそ、「目に見えない本質的なつながり」が希薄化したことにあるのではないでしょうか。

孤独を受け入れることで孤独から解放される

SBNRは、この「見えないつながり」を再発見するための感性を提供します。孤独を癒すとは、ただ人との心のつながりを持つということだけではありません。自然、歴史、自己の深層といった「他者以外のつながり」によって、**孤独そのものを新しい形で受け入れること**もまた、孤独を癒やすための有効なアプローチと言えるでしょう。例えば、山奥の壮大な星空に包まれる時間に、人は自己を超越した大いなる存在——それは雄大な自然や、広大な宇宙や、悠久の時の流れ——のなかのほんの一部でしかないことを強く感じるでしょう。こうした時間は、世界とのつながりを感じられるとともに、人間関係の中にある孤独という問題のちっぽけさを教えてくれ、本来の自分を取り戻す場としても機能します。このような形で、ある種の「孤独」をポジティブに受け入れられるようなマインドセットもまた、可視化されたつながりが多すぎる現代だからこそ有効な一つのアプローチになるのではないでしょうか。

The only time I'm not lonely is when I'm by myself !
「寂しく思わないのはひとりでいるときだけよ！」

とはチャールズ・M・シュルツ『ピーナッツ』の中のルーシーのセリフですが、「孤独な時間こそが孤独から解放してくれる」ということは、自分時間を大切に考える現代人にとっても共感性の高いものではないでしょうか。

SBNRはこのように、孤独を避けるのではなく、それを豊かなものへと変容させることを提案するものでもあります。それは、瞑想による自己との対話であったり、自然との調和を意識した生活であったりします。

社会で生きていくうえで、「孤独」な状態に置かれることは、多かれ少なかれ誰もが避けられないものです。しかし、それをどう捉え、どう向き合うかは変えられます。SBNRは、「見えないつながり」を再構築し、**孤独を恐れるべきものから、安らぎや創造の源泉へと変える**ための鍵を握っています。この視点こそ、現代社会の孤独という課題に対して、SBNRが提示できる新しい答えではないでしょうか。

2 SBNRが「利他」意識を育む

「自分自身を大切にすること」はSBNRにおける重要な価値観の一つです。それは、自己中心的で利己的に行動するということではなく、**自分の心と体の声に耳を傾けて、自己理解を深める営み**です。このSBNRにおける自分を大切にする価値観やライフスタイルが、他者や世界も同じように大切にする意識を育んでいく出発点になっていけるのではないでしょうか。

自己理解や自己愛が利他意識につながることを示す代表的な研究としては、哲学者エーリッヒ・フロムの著書『愛するということ』が挙げられます。フロムは、**自己愛と他者への愛は対立するものではなく、むしろ自己愛が他者への愛の基盤である**と論じました。彼は、自己を愛することができなければ、他者を真に愛することもできないと指摘しています。

自分の大切なものを知ることで、他人の大切なものにも気づく

例えば、瞑想やマインドフルネスといった実践は、自己の内面に目を向け、自分と向き合う時間を確保する行為です。その中で、自分が抱えている感情や欲求を客観的に見つめられるようになる。この**自己理解の過程は、他者への共感を育む土壌**でもあります。自分が大切にされたいと思うからこそ、他者も同じように大切にされるべきだと感じられるのです。

SBNRが育む利他意識は、義務や功利(他人に尽くすことで自分が利する)に基づくものではありません。どちらかというと自分の内面の充足から自然に湧き上がるものであり、見返りを期待し

ない無償の行動に近いものと言えるでしょう。それは、**自分の心の状態がよくわかっているから他人の心もよく理解できる、自分の心が満たされているからこそ、他人にもなにかしてあげたいという気持ちになる、**ということと捉えられそうです。

人だけでない、自然や社会への利他意識

こうした感覚は人間関係を超えて、**自然や社会全体への配慮に広がっていく**こともありえそうです。例えば、森林浴や海辺で過ごすひとときに癒しを感じることで、その自然環境を守りたいと思う気持ちは自然に生まれるでしょう。サーファンやビーチバレー、ウインタースポーツ、トレッキングといった自然に触れ合う趣味を持つ人は、自然環境の保全に対する関心が高いといいます。**自分自身が自然からの恩恵を受けている感覚があるからこそ、それをできるだけ守りたい、未来世代にも残していきたい**と考えるようになる。これもまた、SBNRがもたらす利他的行動の一例です。

個人主義の時代の新たな倫理基盤へ

こうした利他意識の醸成が、長い目で見たときに、**自立した個人が他者と調和的に暮らしていく新しい共同体の倫理基盤**になっていけるのではないでしょうか？

日本は「村社会」と言われるように、歴史的に見て集団や共同体が優先されやすい社会でした。そのなかで、「村のためなら村人は犠牲になってしかるべき」「村に迷惑をかけるものは共同体から除外されても仕方ない」といったように、**個人の自由を制限した集団主義的な利他意識が**作られてきました。

共同体の助けがなくとも一人で生きていけるようになった現代において、**他者と協調的に生きていくための倫理基盤づくりに、ＳＢＮＲ的な感性から生まれた利他性が寄与**していく時代がこれからやってくるかもしれません。

3 SBNRが「家族」のつながりを再構築する

日本における家族のあり方はこの40年の間に大きく様変わりしました。内閣府男女共同参画局のデータによれば、２０２０年時点で「夫婦と子供」からなる世帯は全体の25・０％に過ぎず、「3世代等」世帯は７・７％に低下しています。一方、「単独」世帯は38・０％と、１９８０年の19・８％から約2倍に増加しています。

子どものいる世帯が減少する中で、「ひとり親と子供」世帯は増加し、２０２０年には「3世代等」世帯の数を上回っています。これらの統計は、**家族形態の多様化とともに、家族間のつながりや絆のあり方の変化を示唆**しています。

家族という伝統的共同体を「楽行化」する

家族はしばしば「**最小単位の共同体**」として、社会の基盤を形成する存在とされています。日本における**家父長制**、つまり男性（父親）が権威や支配的な地位を持つ家族のあり方は、その団結や結束を強固にする一方で、**個々人の自由や尊厳を奪う原因**にもなってきました。

この家父長制という伝統は現代ではジェンダー平等や個人の自由を阻害する要因として批判されることも多く、昭和・平成に比べると家族や夫婦関係も随分とフラットで柔軟なものに変わってきた感もありますが、それでもいまだに

「父親は家庭を支える強く頼もしい存在であるべき」

「母親は家事・育児で家庭を支えるべき」

といった価値観は根強く残ってもいます。

SBNRは、こうした**家族のあり方に対しても新しい視点**を与えてくれます。それは、日本の伝統的な家族のあり方を、**快適で自由で個人主義で未来志向**な方向に柔軟にアップデートしていくという、**「楽行化」**のアプローチの可能性です。

宗教がその本質を問い直し、伝統的な教義や儀式にとらわれずにその形をトランスフォームしていくことでより多くの人に価値を提供できるようになる（脱・宗教／楽行化）ように、家族という共同体のあり方にも、「楽行」という視点を取り込むことで**より自由でクリエイティブなものに**アップデートしていけるのではないでしょうか？

より自由で快適な新しい家族のあり方の探求へ

例えば、「家族はずっと一緒に住むべきだ」という考えは日本にいまだ根強く残っていますが、SBNR的な視点で見るならば、**家族の本質は「精神的なつながり」であり、その形態は多様であってよい**と言えます。同じ屋根の下に住むことが難しくても、別々の場所でそれぞれの生活を尊重しながら家族としてのつながりを維持する方法もあるはずです。父親が家族の前で弱音を吐いていても、他の家族がそれを支えることで、かえって深い絆が生まれることもあるでしょう。また、お盆やお正月、お墓参りといった家族の年中行事は、時として義務感や面倒くささを伴うものでもありますが、これを**家族みんなが楽しめるレジャーイベントとして「楽行化」**していくこともできるでしょう。お盆のお墓参りとBBQを組み合わせたり、初詣と温泉旅行を組み合わせたりすることで、行事の意味を損なうことなく、家族が一緒に楽しめる時間を創出できます。

こうしたアプローチは、家族間の対話を増やし、新しい価値観を共有するきっかけになります。**「家族だからこうしなければならない」**というプレッシャーを取り払い、**「家族だからこそこうしたい」**と思える環境を作る。その中で、家族の大切さが自然に再発見される。伝統的な役割分担や儀式を守らなくても、家族が笑顔でいられる場を作ることが、結果的に家族の絆を深めるのです。

SBNR的感性が家族のつながりを再構築することは、個々の家族だけでなく、社会全体のあり方にもポジティブな影響をもたらします。家族という最小の共同体が変わることで、そこから広がるコミュニティや社会のあり方もまた、より柔軟で共感的なものへと変容していく可能性を秘めているのです。

4 SBNRが「環境問題」への解決策に新しい視点を提供する

環境問題は、21世紀の人類が直面する最大の課題のひとつです。気候変動、生物多様性の喪失、環境汚染など、これらの問題に対して世界は多くの取り組みを進めてきましたが、その多くは**自然を「支配・搾取・制御・保護」**する対象として捉える西洋的自然観がベースになっています。

一方で、ＳＢＮＲが示すのは、**自然を「感謝・共存・畏怖」**する対象として捉える日本的自然観です。この視点を持つことで、環境問題への新たなアプローチを生み出す可能性を秘めています。

日本の精神文化には、自然とのつながりを重視する伝統が深く根付いています。**神道における自然崇拝、仏教の縁起の思想、俳句や茶道における季節や環境への感性**。これらは、自然を単なる資源や消費の対象としてではなく、生命を共有する仲間、あるいは畏敬すべき存在として捉える感性を育んできました。この感性こそ、環境問題への解決策を模索する上で、現代の世界が学ぶべき遺産ではないでしょうか。

テクノロジー、ルール、そして「感性」を通じた環境問題解決へ

ＳＢＮＲの感性を環境問題に応用する第一歩は、**私たち自身が「自然がもたらす恵みや価値」に対してより自覚的になること**です。

自然の中で過ごす時間、森や海から得られる癒し、四季折々の美しさを再認識することは、**自分たちが自然と不可分の存在であるという実感**を取り戻すきっかけになります。これは単なるレジャーというだけでなく、**自然を尊重し、守る動機づけ**を個人にもたらす重要な体験でもあります。

国単位での環境問題へのアプローチにおいても、SBNRは示唆を与えてくれます。例えば、開発途上国での持続可能な開発において、**日本が持つ自然との調和の思想を政策や技術とともに輸出**することが考えられます。自然を支配するのではなく、共生する方法を地域特有の伝統や文化に合わせて提案する。このようなアプローチは、単なる技術支援を超えて**自然との共生という価値観を世界に広める**ことにもつながり、SDGsの目標達成にも貢献するでしょう。

私たちはこれからの時代、環境問題に対して、テクノロジーの発展や世界的なルールの導入だけでなく、**人々の価値観や感性をシフトさせる必要**があります。SBNRが示す自然とのつながりの視点は、単に環境問題を解決するためのツールではなく、自然とともに生きる新しい生き方を提案するものです。自然の声に耳を傾け、その価値を再発見するライフスタイルの実践が、地球の未来を変える第一歩となるでしょう。

5 SBNRが世界の「二元論的対立」を統合・融合する

現代社会は多くの**二元論的対立**に直面しています。

経済性⇕人間性
開発⇕地球環境
保守⇕リベラル
自国主義⇕グローバリズム
移民歓迎⇕反移民
独裁⇕民主主義

など、これら相容れない立場や価値観がぶつかり合い、社会全体に分断や緊張を生んでいます。

成長か、脱成長か

「経済性↕人間性」「開発↕地球環境」をめぐっては、資本主義とその限界を巡る**「成長か、脱成長か」**という議論があります。

物質的成長を追求する資本主義は、環境破壊や格差拡大といった弊害を生んできました。こうした中で、経済成長そのものを否定する**「脱成長」**というラディカルな考え方も生まれています。「脱成長」は資本主義のこれからのあり方に対して重要な視点を与えるものとして高く評価されている一方、現実社会に適用させることの難しさから多くの議論を生んでいます。

保守か、リベラルか

政治では、**「保守↕リベラル」**の対立が象徴的な例と言えるでしょう。2024年の米大統領選でのトランプ氏の勝利は、多くのメディアの論考の中で、**「行き過ぎたリベラルへの反動」**と解釈されています。保守とリベラルの双方にはそれぞれ長所と短所があり、どちらか一方を選ぶだけでなく、両者の利点を融合した第三の道を模索する方法もあるはずです。しかし、**二項対立的な世界観の中では、状況に応じて極端にどちらかへ振れる「行きつ戻りつ」を繰り返す以外に、バランスを取る手段が見出されにくい**のが現状です。

アメリカは歴史的に、保守とリベラルの振り子運動を通じて成長を遂げてきた国と言えます。しかし、その**振り子の動きは次第に激しくなり、社会の分断や対立がより深刻化・先鋭化**していることは否めません。このような状況は、保守とリベラルの間での調和や統合の可能性を探る必要性を、改めて浮き彫りにしているのではないでしょうか。

制度的・文化的な「緩衝地帯」で融合を模索する

こうした状況において、SBNRは**対立を統合し、融合へと導く糸口を提供する可能性を**秘めています。

1章で触れた通り、SBNRな価値観・ライフスタイルの背景には、「**不二**」という考え方がありました。不二とは、自他・善悪・美醜など、**対立する二つのものが本質的には一体であると**

いう仏教の考え方です。こうした二項対立的でないものの捉え方が、現代の対立を解決していく示唆を与えてくれます。

2章において、日本人の宗教観の特徴を、宗教と非・宗教の間にある**「精神的緩衝地帯」**という視点から説明しました。対立する両者を融合していくために必要なのは、このような**両者の中間でその折衷の仕方や融合の方法を自由に模索できる、「制度的・文化的な緩衝地帯」**ではないでしょうか。

それは、お互いの信条や立場が尊重されるという前提の上で、

「今だけは」

「この場だけは」

「この部分だけは」

互いの立場を忘れ、こだわらず、両者の良いところを積極的に取り入れあい、そこで生まれたアイデアをどんどん実験的に行っていく。そんなある種の治外法権な緩衝地帯を、政策／教育／経営の中に取り込んでいくようなイメージです。

そして、こうした「緩衝地帯」を生み出す土壌となるのが、ＳＢＮＲの**「見えないものへの**

想像力」です。異なる立場・価値観の人を理解したり、特定の主義信条信仰にこだわらず普遍的で本質的な価値を探求する姿勢は、二項対立を克服するための新たな視点を提供してくれるでしょう。

多様な価値観を包摂し、世界がつながりあう「目に見えないプラットフォーム」へ

SBNRはこのように現代社会が直面する多様な対立を、発展的に統合・融合していくための道筋を提案します。それは、**「どちらか」を選ぶのではなく、「どちらも」を活かし、新しい価値を創造していくプロセス**です。

その意味で、SBNRは、**世界中の様々な政治的・文化的・宗教的立場を包摂し、形にならない・目に見えない普遍的な価値観でつながりあう世界共通のプラットフォーム**になりえます。

多様な背景を持つ人々が共存する現代社会では、特定の宗教や政治思想に依存しない、新しい共通基盤が求められています。SBNRは、宗教や伝統文化の枠を超えて、**自然、つながり、**

自己発見といった普遍的なテーマを通じて、世界中の人々が互いを理解し、認め合うための共有基盤を築く可能性を秘めています。

この視点が広がることで、ＳＢＮＲが個人の精神的探求をこえて、国境や文化、信仰を超えた世界的な平和の礎となっていけるのではないでしょうか。

COLUMN

エスペラント語——言語を通じた世界の包摂への挑戦

19世紀末、ポーランドの眼科医ルドヴィコ・ザメンホフは、人類の対立を超えて世界平和を実現するために、新たな共通言語「エスペラント語」を創案しました。エスペラント語は、英語やフランス語といった西欧中心の言語体系ではなく、中立的な基盤を持つ言語として設計されました。その理念は、言葉の壁や文化的な偏見を超え、すべての人々が平等に理解し合える世界を目指したものです。

この試みは日本にも影響を与えました。1970年の大阪万博でコンセプトを立案した京都大学の人類学者、梅棹忠夫氏はエスペラント語の理念に共鳴し、その精神を万博の計画に反映させました［*1］。万博では、欧米諸国だけでなくアジアやアフリカの国々、いわゆる第三世界の文化や技術が広く紹介されました。また、芸術家・岡本太郎を起用するなど、プリミティブな表現を通じて人類の多様性を祝福しました。そして、万博終了後には、跡地に国立民族学博物館を設立し、文化や価値観の多様性を保存し未来に伝える取り組みを進めました。

しかし、エスペラント語の試みは、大きな成功を収めるには至りませんでした。その理由の一つは、「言語」という目に見えるシステムに根本的な限界があったことです。エスペラント語がどれほど中立的で公平な設計を持っていたとしても、言語そのものが新たな「枠組み」となり、人々の多様な文化や価値観を完全に包摂するには至りませんでした。なぜなら、言語は単なる意思疎通の道具である以上に、文化や歴史、個々人のアイデンティティと深く結びついたものだからです。

エスペラント語が生まれた背景には、西欧中心主義を超え、国境や宗教を超えた普遍的

＊1　『エスペラント体験』梅棹忠夫著（1994年、日本エスペラント図書刊行会）

な理解を求める崇高な理想がありました。しかし、言語を統一することによって世界を一つにするという発想そのものが、実は多様性や個別性の豊かさを見落としがちだったのかもしれません。人間の価値観や文化的な背景の複雑さは、言葉だけで解決できるほど単純ではなく、むしろ「見える言語」を超えた感性や価値観の共有が求められていたのです。

それでも、エスペラント語が示した理念は現代にも通じます。梅棹氏が語ったように、世界平和の鍵は、一つの文化や視点が他を凌駕するのではなく、多様な文化や価値観を尊重し合うところにあります。現代のSBNRムーブメントは、「見える」ものに依存しない、目に見えないつながりの中で共通のプラットフォームを育む挑戦であり、エスペラント語の理念を超えた新たなアプローチと言うことができるでしょう。

エスペラント語が実現できなかった夢を、私たちは別の形で継いでいくことができるでしょう。それは、言葉ではなく感性や価値観、つながりを通じて、人類共通の未来を築くことです。

おわりに

SBNRとは、人間を自由にする感性である

本書を手に取っていただき、最後までお読みいただきありがとうございました。忙しい日々の中で、数多ある本の中から、この少し風変わりで、一見すると小難しそうなテーマを取り扱った本書を選び取っていただけたことを、大変ありがたく思っています。

ここまで様々な角度から、ＳＢＮＲの定義や意味・意義と、社会における活用可能性を見てきました。その本質を、大胆にまとめてみるなら、それは

「人間を自由にする感性」

といえるのではないでしょうか。

いまから2500年ほど前、日本と同じ多神教の世界観が根付いていた古代ギリシャで、**リベラルアーツ**という、「人間を自由にする学問」が生まれました。これは古代ローマにも受け継がれ、算術・幾何学・天文学・音楽の4つの科学的学問に、文法学・論理学（弁証法）・修辞学の3つの人文学分野を加えた**「自由七科」**となって、その後のヨーロッパ社会における基礎学問として定着していきました。

当時、「自由」とは、物理的な拘束や支配から解放されるだけでなく、**知的・精神的に自立し、自分で考え、行動する力**を指していました。そのために必要とされたのが、論理的な思考力や倫理観、文化や社会に対する深い理解を育む学問群、すなわちリベラルアーツだったのです。この「人間を自由にする学問」は、中世ヨーロッパでは神学や哲学と結びつき、近代では文学や歴史、自然科学、社会科学といった多様な分野を包括する形で発展しました。その本質は、単に知識を詰め込むことではなく、複雑な世界を理解し、判断し、行動するための基盤を築くことにあります。

一方で、SBNRが示唆する**「人間を自由にする感性」**は、リベラルアーツとは異なる側面から自由へのアプローチを提案します。リベラルアーツが知識や論理を重視する**「思考の自由」**

を育むものだとすれば、ＳＢＮＲは感性や直感、そして個々人の内面の深い洞察を育む「**心の自由**」を大切にします。この感性は、既存の枠組みを学び、その価値を尊重しつつも、それに縛られることなく、独自の視点で世界を見つめ直す力です。私たちは社会や文化、あるいは宗教の中で育まれる既成概念や価値観の影響を無意識のうちに受けていますが、ＳＢＮＲの感性は、そうした「既存の枠組み」から一歩外に出て、自分自身の価値観や感覚を信じ、選択する力を与えてくれるのではないでしょうか。

リベラルアーツ（arts＝技術）が国境や信仰を超えて共有可能なものであるように、ＳＢＮＲは国境や信仰を超えて人間が自由に生きるためのヒントや知恵となる「普遍的な感性や感覚」（sense）を与えてくれます。

私の故郷、山形県鶴岡市には、修験道の聖地として知られる羽黒山があります。子どもの頃、両親に連れられて何度も訪れた場所でしたが、当時の私にはその価値はほとんど理解できませんでした。

石段を登るのが疲れる…。

木ばかりの景色で退屈！
山伏？　法螺貝？　山でお祈り？
なんだか古臭くて、マニアックな感じ…。

これが私が羽黒山や修験道に対して抱いていた率直な感覚でした。そして、この感覚は社会人になってからも長らく変わることはありませんでした。故郷の「目に見えない価値」を理解することなく、東京のきらびやかな「目に見える価値」に心惹かれた私は、高校卒業後はすぐに上京し、「価値の見える化」が生業の広告会社に就職しました。

そんな私がＳＢＮＲの可能性を強く実感したのは、同じ広告会社を退社し現在は地元・鶴岡で山伏として活動している先輩との出会いがきっかけでした。彼は、修験道文化を現代的に翻訳し、それを世界に向けて発信する取り組みを続けていました。その結果、私にとって「なにもない退屈な田舎」にしか思えなかった故郷が、世界中の旅人たちにとって魅力あふれる目的地へと変貌していたのです。その光景を目にしたとき、ＳＢＮＲという抽象的でとっつきにくい概念が、すぐそばで共に生きる人たちと共有できる、リアルで血の通った生き方として、はっきりと形を持ち始めました。

「目に見えない価値」に気づくことなく田舎を飛び出した私と、その価値に気づいて都会を離れ、地元で活躍する先輩。この対照的な選択は私にとって非常に印象深いものでもありました。「なにもない退屈な田舎」は、見方を変えることで「可能性の宝庫」に変わる。自分の視野の狭さへの反省と、故郷の価値を再発見できた喜びは、私がＳＢＮＲというテーマを探求していく上での大きなモチベーションの一つになっています。

本書は、ＳＢＮＲという欧米で加速する精神性の潮流を、日本社会に当てはめて考察し、その活用方法を提言したものです。「目に見えない価値」を読み解き、「目に見える価値」を生み出していくための方法を探っていくプロセスはとても刺激的で学びに満ちたものであり、執筆メンバーそれぞれの仕事に様々な形でポジティブな影響をもたらしてくれましたし、その過程でたくさんの副産物も生まれました。日本の地方を旅する楽しみが増えたことは、その一例です。そんな自己成長と自己充足の両方を追求する旅路を、山伏の坪井、僧侶の宮島、スピ同好会の橋本、弓道家の伊藤という個性豊かなバックグラウンドを持った仲間と一緒に歩めた経験と絆は、何よりの財産になりました。

また、本書を執筆するにあたっては、本当に多くの方々からのアドバイスとインスピレーションをいただきました。

SBNRという潮流の全体像から歴史・最新の研究まで本書の羅針盤となるたくさんの助言をくださった株式会社XPJP代表の渡邉賢一さん、SBNRという潮流の日本的意味と持つべき視点を教えていただいた妙心寺退蔵院 副住職 松山大耕さん、「不二」の概念を教えていただいた大福寺太田住職、地域の精神文化が与える人生観・人格形成・人材育成の可能性について教えていただいた鶴岡サイエンスパーク代表理事冨田勝さん、SBNRという概念とその可能性を一番最初に教えてくれた小橋賢児さん、SBNRの実像・実態とビジネスにおける実践を見せてくれた株式会社めぐるん・羽黒山伏の加藤丈晴さん、地域の精神文化の発掘と価値化の可能性を示してくれた富山県西部観光社水と匠の林口砂里さん、飯塚洋史さん、精神文化の現代的な価値への転換を示していただいたMedicha株式会社ファウンダー長嶋彩加さん、我々のSBNRの再解釈コンセプトに共感し活動を応援いただき、たくさんのご縁をつないでいただいたRKB毎日放送株式会社岩熊正道さん、奥深い修験道と法螺貝の道を教えてくれた宮下覚詮さん、ツーリズムの視点からSBNRのポテンシャルを示していただいたwondertrunk & co.岡本岳大さん、米田ひろみさん、SBNRをテーマにしたアート展を通じてより深い思索に連れて行ってくれた現代アーティスト千賀健史さん。

ここには名前を挙げきれないほど多くの方々と、SBNRというムーブメントの全体像からビジネス現場における実践の可能性まで、抽象と具体を行ったりきたりしながら語り合わせていただきました。

また、SBNRの持つ意味・意義・可能性を探る思考の旅を一緒に歩みながら、数多くの示唆・助言・アドバイスをいただいた博報堂野口圭一郎役員、エグゼクティブブルームフェロー田代誠さん、常にクリティカルな助言をくれたSIGNINGの盟友亀山淳史郎さん、この活動を始めるきっかけを与えてくれた博報堂岩﨑拓役員、プロジェクト立ち上げと本書の原案となるレポート作成を共に行った帆刈吾郎さん、川口真輝さん、酒井崇匡さん、M&A大久保和博さん、TOKU Inc.徳野佑樹さん。そして、SBNRの実践の旅を共に歩んできてくれた博報堂、SIGNING、パートナー企業の仲間たちと、クライアント企業の皆さんにも、この場を借りて感謝申し上げます。

本書の完成までの間、出張や多忙な日々の執筆により、執筆メンバーのご家族の皆様には多くのご負担とご不便をおかけしたことと思います。それでも変わらず支え、応援してくださったことに、心から感謝しています。この本は、皆さんのお力添えがあってこそ完成しました。本当にありがとうございました。。

なにより、過密すぎるスケジュールの中で、このテーマの可能性を信じ、私たちに的確なフィードバック、アドバイスをしつづけながら寄り添って伴走してくれた編集の刀田聡子さん、田代くるみさん、『宣伝会議』編集長の谷口優さん、本当にありがとうございます。皆さんの導きのお陰で、なんとか出版までこぎつけられました。

最後に、ここまで読んでくださった読者の皆様へ。最後までお付き合いいただきありがとうございました。ＳＢＮＲという新しい視点が、皆様の人生や日々の選択をより豊かにする一助となりますように。

著者を代表して

牧 貴洋

参考文献・参考資料

哲学・宗教・精神文化

『世界が仏教であふれだす』（稲田ズイキ、集英社）
『宗教と日本人 葬式仏教からスピリチュアル文化まで』（岡本亮輔、中公新書）
『日本人はなぜ無宗教なのか』（阿満利麿、ちくま新書）
『日本人に「宗教」は要らない』（ネルケ無方、ベスト新書）
『無宗教こそ日本人の宗教である』（島田裕巳、角川oneテーマ21）
『西洋人の「無神論」日本人の「無宗教」』（中村圭志、ディスカヴァー携書）
『哲学と宗教全史』（出口治明、ダイヤモンド社）
『完全教祖マニュアル』（架神恭介・辰巳一世、ちくま新書）
『道徳の系譜学』（ニーチェ、光文社古典新訳文庫）
『エチカ―倫理学』（スピノザ、岩波文庫）

歴史・社会学・人類学

『銃・病原菌・鉄』（ジャレド・ダイアモンド、草思社文庫）
『サピエンス全史 文明の構造と人類の幸福』（ユヴァル・ノア・ハラリ、河出文庫）

『野生の思考』（クロード・レヴィ＝ストロース、みすず書房）
『文明の生態史観 増補新版』（梅棹忠夫、中公文庫）
『エスペラント体験』（梅棹忠夫、日本エスペラント図書刊行会）
『宗教生活の原初形態』（デュルケム、岩波文庫）
『贈与論』（マルセル・モース、岩波文庫）
『精神と自然 生きた世界の認識論』（グレゴリー・ベイトソン、岩波文庫）

日本文化・思想

『現代語古事記』（竹田恒泰、学研プラス）
『武士道』（新渡戸稲造、岩波文庫）
『菊と刀―日本文化の型』（ルース・ベネディクト、講談社学術文庫）
『日本の思想』（丸山眞男、岩波新書）
『忠誠と反逆 転形期日本の精神史的位相』（丸山眞男、ちくま学芸文庫）
『茶の本』（岡倉覚三（天心）、岩波文庫）
『遠野物語』（柳田國男、新潮文庫）
『逝きし世の面影』（渡辺京二、平凡社ライブラリー）
『日本的霊性』（鈴木大拙、岩波文庫）

経済・ビジネス

『日本資本主義の精神―なぜ、一生懸命働くのか』（山本七平、PHP文庫）
『プロテスタンティズムの倫理と資本主義の精神』（マックス・ヴェーバー、岩波文庫）
『倫理資本主義の時代』（マルクス・ガブリエル、早川書房）
『ヒューマノミクス　人間性経済学の探究』（岡部光明、日本評論社）
『なぜ名経営者は石田梅岩に学ぶのか？』（森田健司、ディスカヴァー携書）
『宗教を学べば経営がわかる』（池上彰・入山章栄、文春新書）
『グッド・アンセスター　わたしたちは「よき祖先」になれるか』（ローマン・クルツナリック、あすなろ書房）
『脱優等生のススメ』（冨田勝、ハヤカワ新書）
『野生の力を取り戻せ　～羽黒山伏に学ぶ　答えがない「問い」に向き合う智慧～』（星野文紘・渡辺清乃、日本能率協会マネジメントセンター）
『日経ビジネス』２０２４年10月21日号「禅と哲学」
『マーケティングZEN』（宍戸幹央・田中森士、日本経済新聞出版）
『超図解・新しいマーケティング入門　〝生活者〟の価値を創り出す「博報堂の流儀」』（博報堂マーケティングスクール、日経ＢＰ）
『サーチ・インサイド・ユアセルフ　仕事と人生を飛躍させるグーグルのマインドフルネス実践法』（チャディー・メン・タン、英治出版）
『ティール組織　マネジメントの常識を覆す次世代型組織の出現』（フレデリック・ラルー、英治出版）

「日経ビジネス」2020年12月24日記事「『道徳と経済の両立』の理念を初めて広めた、石田梅岩とは何者か」
https://business.nikkei.com/atcl/seminar/20/00034/121800001/

SBNR

SBNRについては、参考になるウェブ記事やトーク動画を紹介します。

Spritual KANSAI シリーズブログ1：SBNR視点でみる関西の価値
https://www.the-kansai-guide.com/ja/article/item/16060/

［動画］「【全米がハマる】世界的な『SBNR層』の拡大と日本の好機｜講演ダイジェスト《渡邉賢一》Spiritual But Not Religious」
https://www.youtube.com/watch?v=H92gOFsORkI

［動画］「SBNR／地域の価値を再定義する祭り｜加藤優子／渡邉賢一｜SIW2020」
https://www.youtube.com/watch?v=bX1JphCSwJw

［@DIME］2024年7月17日・18日記事「SBNRとは何か？「支持する特定の思想はない」というウェルビーイングの新キーワードを紐解く」「世界的な潮流になっている「SBNR」で注目される日本の精神性」（渡邉賢一インタビュー）
https://dime.jp/genre/1819979/　https://dime.jp/genre/1819989/

［音声コンテンツ］「心の豊かさを追い求める時代。注目の「SBNR」とは？」（小橋賢児）
https://www.youtube.com/watch?v=GFmVbHd4I2I

著者

株式会社博報堂 ストラテジックプラニング局

博報堂のフィロソフィーである「生活者発想」を基盤に、データ分析、消費者インサイトを踏まえた課題発見・課題創出から、解決策としてのアウトプットまで、戦略立案を軸に企業のマーケティング課題を解決する専門部署。市場の変化を捉え、ブランドの成長を支援する多様かつ独自なプラニング手法を駆使し、統合コミュニケーション戦略を立案。広告だけでなく、新規事業開発や社会課題解決などの戦略立案にも貢献し、企業と社会の未来をデザインする役割を担っている。

株式会社SIGNING

「社会課題解決とマーケット創造の両立」をテーマに活動する博報堂DYグループのソーシャルデザイン専門組織。「新しい世界に道標を」をフィロソフィーとして掲げ、先行き不透明な時代に新しい一歩を踏み出す道標となる未来の兆し（＝SIGN）の発掘と実装を行っている。企業・官公庁・自治体・官民共創プロジェクトを手掛けるほか、独自の研究レポート、プロダクト・サービス開発、アートギャラリーの運営など多岐にわたる活動を行っている。
https://signing.co.jp/

執筆者プロフィール

牧 貴洋（まき・たかひろ）
SIGNING ストラテジスト／代表取締役社長
博報堂で戦略プランナーとしてキャリアを重ね、2020年4月に「未来の兆し」の発掘と実装を行っていくプラニングブティック「SIGNING」設立。様々な企業の事業・経営・マーケティング活動支援を行うほか、様々な地域での都市開発や地域創生・地域ブランディング、産学連携プロジェクトに携わり、兆しを社会実装していく活動に取り組んでいる。

宮島達則（みやじま・たつのり）
博報堂 マーケティングプラニングディレクター
2019年博報堂入社。入社以来、食品／飲料／日用品／通信など多岐にわたるカテゴリーのマーケティング・ブランディング戦略立案に従事。一見、非合理的な生活者心理にロジックを見出し、言語化するプラニングを得意とする。また僧侶としてのバックグラウンドを活かし、寺院のブランディングや線香のマーケティング等の経験も。

橋本明意（はしもと・めい）
博報堂 マーケティングプラニングディレクター
2016年博報堂入社。入社以来、飲料／日用品／自動車／エンタメなど、国内外問わず多種多様な業種のマーケティングに従事。N=1の生活者の声からインサイトを抽出し、新しい社会的価値へと昇華させるコンセプトメイキングが得意。また演奏家としての経験を活かしたイベントプロデュースや広告音楽作曲など、音楽を融合させた企画にも強みを持つ。

伊藤幹（いとう・もとき）

博報堂 マーケティングプラニングディレクター

2017年博報堂入社。ストラテジックプラナーとして様々な企業のマーケティング戦略立案に従事し、2020年よりSIGNINGに参加。企業課題解決と社会課題解決の両立を強みに、企業の事業・ブランディング支援やソーシャルプロジェクトの立ち上げなどを行う。2023年より博報堂に籍を戻し、現職。

坪井克諭（つぼい・かつとし）

博報堂DYホールディングス グループ人材開発室　室長補佐

1997年博報堂入社。入社以来、自動車／食品／飲料情報機器／トイレタリー／通信など幅広い領域におけるマーケティング戦略立案を担当。2007～13年は中国広州の海外拠点に駐在、帰任後はグローバル担当部門にも複属。2016年に約10カ月の育休を取得し、育児のかたわら保育士の資格も取得。2024年4月から現職となり、主に能力開発／研修を担当。

宣伝会議 の書籍

デザインをつくる イメージをつくる ブランドをつくる

工藤青石 著

資生堂・イプサで数々のブランドを手がけてきた著者が、ブランドを取り巻くクリエイティブをつくるための8つの思索と制作プロセスを公開。商品、パッケージ、空間、イメージ、ビジュアル、プロジェクトなど、ブランドをつくる人に向けたデザインとディレクションの実践書。

■本体2200円＋税 ISBN 978-4-88335-621-8

エクスペリエンスプロデューサーが書いたイベントの教科書

中島康博 著

「心を動かす体験」をつくるエクスペリエンスプロデューサー。博報堂グループで30年以上にわたり、数々のイベントをけん引してきた著者が、総合演出とプロジェクトマネジメントの視点から、その仕事の考え方と技術を解き明かす。

■本体2000円＋税 ISBN 978-4-88335-623-2

クリエイティブ・エシックスの時代 世界の一流ブランドは倫理で成長している

橋口幸生 著

現代のビジネスパーソンがいま必須教養として知っておくべき倫理（エシックス）とその事例を解説。「炎上するのが嫌だから守る倫理（コンプライアンス）」ではない、「ブランドをより魅力的に成長させるための倫理」を紐解く、はじめての書籍。

■本体2200円＋税 ISBN 978-4-88335-620-1

君は戦略を立てることができるか 視点と考え方を実感する4時間

音部大輔 著

2017年刊行のロングセラー『なぜ「戦略」で差がつくのか。』をもとにした、大人気の戦略立案講義がついに書籍化。「戦略」を明確に定義づけ、思考の道具として使いこなすための考え方から、戦略立案のプロセスまでを網羅する。企画力、推進力を高めたい現場のマーケターから、組織に戦略思考を定着させたいマネージャーに至るまで、手元に置いておきたい一冊。

■本体2000円＋税 ISBN 978-4-88335-614-0

SBNRエコノミー

「心の豊かさ」の探求から生まれる新たなマーケット

発行日　2025年3月21日　初版第1刷
2025年4月18日　初版第2刷

編著者　株式会社博報堂ストラテジックプラニング局・株式会社SIGNING

発行人　東彦弥

発行元　株式会社宣伝会議
〒107-8550 東京都港区南青山3-11-13
TEL. 03-3475-3010（代表）
https://www.sendenkaigi.com/

装丁　守谷めぐみ

イラスト　網中いづる

校正　株式会社鷗来堂

DTP　Isshiki

印刷・製本　モリモト印刷株式会社

ISBN 978-4-88335-622-5